UN SEGUNDO DE VENTAJA

Rasmus Hougaard
con Enrique Escauriaza y Celia Pipó

Un segundo de VENTAJA

Mindfulness para organizaciones.
Saca lo mejor de ti y de tu equipo

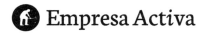 Empresa Activa

Argentina – Chile – Colombia – España
Estados Unidos – México – Perú – Uruguay – Venezuela

Título original: *One Second Ahead – Enhance Your Performance at Work with Mindfulness*
Editor original: Palgrave Macmillan
Traducción: Sergio Bulat Barreiro

1.ª edición Abril 2017

ISBN: 978-84-92921-72-0
E-ISBN: 978-84-16990-35-1
Depósito legal: B-8.258-2017

Fotocomposición: Ediciones Urano, S.A.U.
Impreso por Romanyà Valls, S.A. – Verdaguer, 1 – 08786 Capellades (Barcelona)

Impreso en España – *Printed in Spain*

Índice

PARTE II
ESTRATEGIAS MENTALES

PARTE III
PRÁCTICAS FUNDAMENTALES

Prólogo

Para ser honesto, yo debería ser la última persona en escribir el prólogo de un libro sobre mindfulness, pero hace unos dos años me topé con una serie de ideas y reflexiones que cambiaron mi perspectiva de forma significativa. Primero, me di cuenta de que mi cerebro estaba lleno. Lleno de cosas producto de vivir una vida vertiginosa con mucha presión y a gran ritmo. Luego llegué a la conclusión de que tener el cerebro lleno era algo inevitable si quería ser el líder de una de las grandes consultoras de tecnología mundiales. Pensé que eso era simplemente parte del «paquete».

Sin embargo, descubrí otra forma de trabajar y vivir que no solo liberaba espacio en mi cerebro, sino que hacía que fuese más efectivo, creativo y amable. Por eso escribo este prólogo.

Por extraño que pueda parecer, no me gusta «practicar mindfulness». Quedarme sentado diez minutos al día es mucho para mí, pero he comprobado que si lo hago, la calidad de mi trabajo, de mi liderazgo y de mi vida mejora notablemente.

Déjenme contarles brevemente cómo comenzó esto para mí. Durante varios años lideré un equipo de intervención especializado a lo largo de Europa, África y Latinoamérica. Era un pequeño equipo altamente capacitado, preparado para asistir a grandes empresas globales en temas muy complejos. Viajábamos mucho, trabajábamos largas jornadas y enfrentábamos grandes retos de negocios para clientes muy exigentes. Era un trabajo muy satisfactorio, pero tenía un coste.

Cuando a esto se le agrega el estar permanentemente conectado y la enorme cantidad de datos que hay que gestionar, el estrés puede jugar una mala pasada hasta al mejor preparado y talentoso. El estrés puede ser muy debilitante, y hubo un suceso que me marcó. No lo vi venir y me sorprendió.

Eso me llevó a buscar herramientas que me permitieran a mí y a mi equipo hacer el trabajo que amamos en forma sostenible y al máximo nivel sin sacrificar la vida personal.

La palabra mindfulness se cruzaba en mi camino, pero parecía algo demasiado «blando» y raro que podía poner en riesgo mi reputación dentro de la organización. Algunos lo verían como una debilidad o exigirían pruebas de su utilidad. Me encontraría con los «listos» que no verían motivos para cambiar, y los adictos a la acción que no verían con agrado bajar su ritmo.

Por casualidad, conocí a Rasmus Hougaard y me enteré del trabajo que realiza junto a su equipo de consultores y formadores, y de sus brillantes resultados en distintas empresas. Rasmus tiene experiencia en trabajar con empresas, ejecutivos y especialistas en mindfulness, de forma tal de poder crear programas adecuados a las necesidades de atención que requiere un equipo como el mío.

Juntos diseñamos un programa que se ajustase a nuestras necesidades y a los requerimientos de los trabajos de nuestros clientes. Los resultados fueron sorprendentes: aumento del 30% en la atención, 23% en la priorización efectiva, disminución de un 25% en multitareas improductivas, 30% de mejora en la calidad del sueño, 31% en incremento de la memoria y una disminución del 19% en el cansancio mental y estrés. Solo por mencionar algunos.

Por eso, es un gran placer recomendar este libro. Espero que puedas aplicar estas estrategias mentales y técnicas de mindfulness en tu vida. A mí me han ayudado mucho tanto de manera personal como en la realización de mi trabajo y en el liderazgo del equipo. Estoy convencido de que puede hacer lo mismo por ti.

ROBERT STEMBRIDGE
Director General de Accenture Technology

Prólogo a la edición española

Desde la década de los 70 del siglo pasado el mindfulness se ha ido introduciendo cada vez más en diversos ámbitos de nuestro entorno: primero el sanitario, después el educativo y en los últimos tiempos el empresarial.

Jon Kabat Zynn —creador del método MBSR (Mindfulness Based Stress Reduction)— ha jugado un papel fundamental en la introducción del mindfulness en el mundo actual, gracias fundamentalmente a dos elementos clave: una rigurosa base científica y al mismo tiempo una aparente simplicidad en su transmisión y aprendizaje.

Sin embargo, el impacto del MBSR fuera del mundo de la salud, como herramienta de gestión y prevención del estrés, ha sido mucho más limitado.

Ello se debe en buena medida a que el ámbito de la empresa, si bien puede compartir algunos elementos con el mundo sanitario como niveles elevados de estrés—, es un entorno especial, con sus códigos propios.

Los efectos a nivel individual —emocional, físico o mental— y sus consecuencias —problemas de concentración y déficit de atención, «burn out», capacidad de toma de decisiones mermada o incluso relaciones interpersonales dañadas— pueden ser similares en el mundo sanitario y el empresarial, pero sus orígenes son muy distintos. En el mundo empresarial existe una incertidumbre continua, provocada por la necesidad de lograr resultados económicos a corto plazo en entornos cada vez más volátiles, complejos, y favorecida por la tecnología, la regulación y otros factores. Esto exige a las organizaciones tener la capacidad de tomar decisiones en escenarios nuevos y en períodos de tiempo muy cortos.

En algún estudio que llevamos a cabo en el IESE[1], señalamos algunos efectos que el uso del mindfulness puede tener hoy en los directivos y sobre las organizaciones. En concreto señalábamos tres grandes categorías:

- efectos cognitivos: mejora de la atención
- efectos psicofísicos: mayor sensación de bienestar
- efectos emocionales: mayor regulación emocional y mejora de la inteligencia emocional

Todo lo anterior puede repercutir de manera positiva sobre la productividad, el clima laboral y la toma de decisiones.

Para lograr su aceptación en el mundo empresarial, es necesario un lenguaje específico, que genere la credibilidad adecuada ante un público particular y que al mismo tiempo transmita los conceptos y prácticas del mindfulness y de sus beneficios de manera simple pero rigurosa. No es una tarea fácil, pero su impacto, en un mundo donde las empresas tienen tanto protagonismo, puede ser muy amplio.

En esa línea, Rasmus Hougaard —fundador de Potential Project— y los autores de este libro llevan a cabo una tarea muy relevante: mejorar la vida de las personas que trabajan en las

---

1. Guillén, J. L. y Rivera, A.: «Mindfulness y empresa», Nota técnica DPON-113, IESE, Universidad de Navarra, 2014.

empresas y mejorar la forma en que las organizaciones toman decisiones y se comportan. Y lo hacen de una manera rigurosa —basándose en las evidencias científicas y en la experiencia acumulada en cientos de organizaciones— y al mismo tiempo, sencilla.

Estamos convencidos que la expansión del mindfulness en el mundo de la empresa y todos los beneficios que ello conlleva, se va a ver impulsada de manera exponencial con este libro, ameno y atractivo, que el lector tiene ahora entre sus manos.

Muchas gracias a los autores por este esfuerzo. Sin duda, tendrá recompensa en el día a día de muchos trabajadores y directivos.

ALBERT RIVERA
Senior Lecturer, IESE Business School

JOSÉ LUIS GUILLÉN
CEO, Grupo Educativo CEU

Introducción

Todo empezó con un fracaso. Era 2005 y por primera vez tenía la oportunidad de introducir mindfulness en una empresa. Hacía más de diez años que lo practicaba y sabía que me habia ayudado a estar más centrado, a ver con más claridad y ser más eficiente en el trabajo.

Ahora, por primera vez, tenía la oportunidad de acercar el mindfulness a los líderes y equipos de una empresa europea de servicios.

Durante semanas planifiqué lo que iba a decir, las historias que iba a contar. Estaba entusiasmado y seguro de que les iba a gustar.

Pero estaba equivocado, muy equivocado. Después de la pausa para almorzar estaba listo para continuar con mi explicación, pero el grupo no, ni siquiera regresaron del almuerzo.

Ese fue un duro revés para mí, aunque fue un momento de inspiración, ya que me di cuenta de lo inocente que había sido al pensar que se podrían trasladar fácilmente los conceptos del mindfulness personal a la empresa. Debía buscar la forma de conectar los puntos entre un ambiente y otro. Me propuse cerrar esa brecha.

Este libro es el resultado.

• • •

La vida laboral ha cambiado drásticamente en los últimos tiempos. Antes era posible centrarse totalmente en la tarea que uno tenía que realizar. Hoy en día, la gente intenta concentrarse en su trabajo mientras responde correos electrónicos, mensajes, llamadas, reuniones y tiene que cumplir con fechas límites. Enfrentados a una avalancha de informaciones y datos, nuestro cerebro intenta realizar muchas cosas a la vez (*multitasking*).

Pero la ciencia ha demostrado que el multitasking o la multitarea es la peor reacción que podemos tener frente a la avalancha informativa. De acuerdo con un informe de McKinsey & Company «solo hace que seamos menos productivos, menos creativos y menos capaces de tomar buenas dicisiones»[2]. De hecho, numerosos estudios han demostrado que el actual ritmo laboral está transformando a ejecutivos eficientes en hiperactivos improductivos.[3]

Esto no debería sorprendernos demasiado. Muchos de nosotros estamos sometidos a mucha presión, siempre en disposición de aplicar nuestros conocimientos o habilidades, inmersos en una avalancha de información, y además trabajamos en un entorno que distrae. Es lo que llamo la realidad PAID.

Figura 1.1. La realidad PAID.

2. Derek Dean y Caroline Webb (2012), «Recovering from Information Overload», McKinsey Quarterly, Enero.

3. E. M. Hallowell (2005), «Overloaded Circuits: Why Smart People Underperform», Harvard Business Review, Enero: 55-62.

Como resultado de la tendencia natural de la mente a despistarse y a la realidad PAID es posible que te cueste leer lo que resta de esta introducción. Probablemente, antes de la última página tu mente ya habrá pensado acerca de lo que hará después. En la actualidad, debido a esta realidad PAID estamos perdiendo la capacidad de gestionar nuestra atención.

¿Estamos destinados a tener mentes que divagan constantemente y que no pueden centrarse en ningún tema?

Por suerte, la respuesta es no. Se puede entrenar al cerebro a responder de forma diferente a las constantes interrupciones a través del mindfulness.

Mindfulness, para decirlo simplemente, significa atención entrenada. Basadas en miles de años de experiencia y práctica, las técnicas del mindfulness ayudan a tener más claridad, a prestar atención y estar más receptivos a lo que nos rodea.

Un segundo de ventaja está escrito para aplicar estas técnicas en el día a día. Basado en programas desarrollados para empresas a través de nuestro Potential Project, este libro ofrece ejemplos verdaderos de organizaciones, de todo tipo, que han aplicado con éxito estas técnicas.

En la realización de estos programas he reunido a líderes, ejecutivos y formadores para desarrollar una forma de acoplar el mindfulness al entorno laboral. Empresas como Microsoft, Accenture, Danone, Sony, Roche, Nike, American Express, General Electric, Netflix, KLM, IKEA, Societé General, Royal Bank, Ogilvy, Carlsberg y muchas otras. Estos programas han sido evaluados por terceras personas y han demostrado unos resultados cuantitativos asombrosos, así como una mejor calidad de vida para todos los involucrados.

A nivel individual, el programa ha ayudado a las personas a aprender fácil y rápidamente a gestionarse a sí mismos. Para algunos esto ha significado contar con un segundo de ventaja al tomar decisiones críticas. ¿Por qué un segundo? En el mundo actual, un segundo es contar con una ventaja cuantificable. A menudo decimos que «la velocidad gana». Queremos información ya, actuar ahora. Siempre que tengamos una opción elegiremos la más inmediata. Hay una razón por la cual Google muestra cuanto tardó en hacer sus búsquedas. Hay una razón por la cual analizamos grandes cantidades de datos lo más rápido posible.

Un segundo importa.

Importa tanto que hablamos de «la velocidad de los negocios» ¿Cómo de rápido? En Wall Street se ha llegado a valorar que un milisegundo de ventaja al operar puede reportar veinte mil millones de dólares al año.

Y desde una perspectiva cognitiva, tener un segundo de ventaja te ofrece una clara competitividad en efectividad y productividad. Ofrece el espacio y la libertad de escoger tus distracciones y guiar tu energía mental. No podemos controlar lo que nos acontece, pero sí podemos escoger deliberadamente la forma en que reaccionamos ante ello.

Victor Frankl, superviviente de un campo de concentración nazi, decía que «hay espacio entre el estímulo y la respuesta. En ese espacio podemos elegir nuestras respuestas. En nuestra respuesta recae nuestro crecimiento y libertad»[4]. A pesar de las condiciones extremas que le tocó vivir, él pudo escoger sus respuestas en lugar de ser víctima de sus reacciones.

Este libro te ofrecerá ese espacio, ya sea en el trabajo, en una reunión o ante una llamada crucial.

Para ser claro, estas técnicas, así como la práctica general del mindfulness, no son solo para ganar más dinero o acelerar tu carrera, tienen un propósito mucho más importante.

---

4. Viktor E. Frankl, *Man's Search For Meaning* (Beacon Press, 1959).

Después de mi gran fracaso diez años atrás, la primera empresa que me dio otra oportunidad fue la mayor aseguradora de Escandinavia. Thomas, el director de ventas de la empresa, fue quien contrató el programa con la esperanza de poder, él y su equipo, concentrarse mejor en el trabajo. Pero además de eso consiguió algo mucho más importante.

Lo compartió con todo el equipo un mes después de comenzar el programa. Sus palabras me dejaron huella: «He visto que el programa hace que seamos más eficientes y productivos y estoy contento por eso, pero estoy experimentando algo más importante, siento que todos nos estamos convirtiendo en mejores personas, más amables, empáticos y felices».

En el fondo, en eso consiste el mindfulness, en ayudarte a ser mejor persona y en descubrir todo tu potencial. La gente que es más feliz y tiene las ideas más claras construye mejores empresas y organizaciones. Piensa en un mundo en el cual la empatía va de la mano del rendimiento y es tan valorada como la efectividad o los ingresos de una empresa.

Puede sonar demasiado optimista, pero es algo que veo que sucede regularmente en las empresas con las que trabajamos alrededor del mundo.

• • •

Diseñado para profesionales que buscan una nueva forma de trabajar en condiciones estresantes, *Un segundo de ventaja* ha sido escrito como una guía práctica de uso fácil que incluye herramientas que han sido utilizadas y probadas por las empresas más importantes del mundo.

Aunque el libro será de interés para cualquiera que tenga una posición de liderazgo, está diseñado para que pueda ser aprovechado por todos los miembros de una organización. A través de sus sencillas técnicas, enfocadas a problemas concretos, se solucionarán los principales problemas que afectan al trabajo actual. Cada una de estas técnicas puede leerse individualmente y aporta resultados rápidos al problema que se quiera solucionar.

Está basado en técnicas milenarias modernamente agrupadas bajo el concepto mindfulness, un concepto que tiene profundas raíces, pero que ha llegado al público general en los últimos años. Sin embargo, a pesar de su ubicuidad, es poca la gente que sabe en qué consiste y menos por dónde comenzar a practicarlo.

Este libro busca solucionar ese problema aportando a la gente ocupada ayuda para solucionar sus temas más inmediatos. Una vez que se han experimentado éxitos con estas técnicas, se puede incursionar en conocimientos más profundos de mindfulness que ayuden a desarrollar cualidades mentales como presencia, paciencia, empatía, y conciencia.

La primera parte del libro examina el mindfulness dentro del entorno laboral. El primer capítulo muestra los fundamentos del mindfulness y analiza los datos que muestran su eficacia. Está dividido en 16 breves subtítulos que muestran cada uno una técnica diseñada para ser aplicada fácilmente e integrarlas rápidamente en trabajo y en la vida personal. Los beneficios en productividad y rendimiento comienzan desde el primer día.

En la segunda parte, el libro ofrece estrategias para reemplazar pensamientos negativos que puedan limitarte para alcanzar tu potencial. Las estrategias mentales ayudan a reconectar el cerebro a través de otras cualidades. Un cerebro reconectado ayudará a responder con mindfulness a los problemas inesperados que se presenten, en lugar de revertir a reacciones negativas y contraproducentes.

La tercera parte se centra en ofrecer una visión compresiva de las dos prácticas fundamentales de entrenamiento en mindfulness: atención y la consciencia abierta. Juntas ayudan a construir una mente equilibrada y de alto rendimiento. Una vez alcanzado este nivel de compromiso y entendimiento descubrirás que tu capacidad para estar atento y centrado se incrementa enormemente. También aprenderás a utilizar mindfulness fuera del trabajo, aportando paz y felicidad en todos los aspectos de tu vida.

Si quieres profundizar en el entrenamiento, al final del capítulo 3 se incluye un plan sistemático de mindfulness diario. Allí se contestan también las preguntas básicas del mindfulness, el qué, cómo y dónde. El capítulo concluye analizando formas de introducción del mindfulness en los distintos tipos de organizaciones. Además, se incluyen consejos fruto de su implementación en distintas empresas del mundo.

Cada una de estas partes está pensada para dar herramientas prácticas que puedan ser utilizadas inmediatamente por lo que este libro es tanto una herramienta práctica como una fuente de inspiración para vivir una vida más plena.

Aunque exponer la práctica antes de la teoría puede parecer contradictorio, una de las críticas que se les hace a muchos libros de mindfulness es que incluyen mucha teoría y poca práctica, por eso este libro es distinto y se ha puesto de entrada lo más útil. Una vez que se experimentan los beneficios de las herramientas, mi esperanza que es que el lector quiera irse adentrando en la teoría y fundamentos del mindfulness y entender las virtudes de este método.

Para ayudar en este proceso he incorporado diversas ideas prácticas a lo largo del libro que incluyen:

- Herramientas y técnicas para implementar en el trabajo con el fin de obtener mayor claridad, atención y resultados.

- Guías y reflexiones para cambiar tu forma de pensar acerca de las tareas a realizar y de la gente con la que tratar con el fin de obtener un estado mental más calmado, creativo y empático.

- Instrucciones simples pero detalladas, paso a paso, para entrenar la mente.

- Anécdotas e historias reales que ayudan a ilustrar los aprendizajes y a estimular el pensamiento.

- Guías para entrenar diez minutos diarios de mindfulness para modificar tu vida.

- Un enlace a una aplicación de entrenamiento que mejorará tu práctica y aprendizaje.

Este libro ha sido inspirado por los miles de personas que utilizan a diario las técnicas de mindfulness. Al escuchar sus historias de transformación y éxito me vi compelido a escribir este libro con el fin de compartirlas con un público amplio. Todas son historias verdaderas, aunque algunos nombres han sido modificados.

Si bien los distintos capítulos van siguiendo una progresión lógica, el libro puede ser leído en cualquier orden comenzando por cualquier técnica, estrategia o capítulo que más le interese al lector.

Está escrito desde un punto de vista personal, pero con la sabiduría colectiva de todos los que formamos el equipo de *Potential Project,* por eso cuando lea «Yo» en realidad se refiere a las experiencias de todo un colectivo.

Si está interesado en conocer las bases del mindfulness es mejor que comience por el capítulo 1, pero si prefiere adentrarse directamente en el entrenamiento mindfulness puede dirigirse directamente al capítulo 3. Si lo que desea es introducir el concepto entre el equipo que dirige, puede ir directamente a la segunda parte del último capítulo.

Como sea que decida leerlo, espero que deje una profunda huella en su vida y que gracias a la práctica de tan solo unos minutos diarios, vea como su productividad y sus hábitos mentales le permiten sobresalir en situaciones competitivas. Pero lo más importante es que *Un segundo de ventaja* le permitirá contar con una hoja de ruta para mejorar el rendimiento personal y de todo su equipo gracias a la claridad, atención y concentración mental.

PARTE I
TÉCNICAS PARA EL LUGAR DE TRABAJO

Con la aparición de Internet y el auge de los teléfonos móviles, cómo y dónde trabajamos ha cambiado. Ya no necesitamos ir al trabajo, él viene a nosotros. Aun cuando vayamos a la oficina los problemas pueden encontrarnos mientras cenamos o miramos un espectáculo.

A lo largo de milenios nuestros cerebros han evolucionado para hacer trabajos muy diferentes. Históricamente realizábamos trabajos físicos en la agricultura, cacería y, durante un período breve, en la era industrial. En esos tiempos el hombre era autosuficiente y las tareas eran claras: cazar un animal, juntar leña, arar un campo. También en las líneas de producción de Henry Ford y Frederick Taylor el trabajo estaba bien definido: un número de tuercas que ajustar cada tanto tiempo.

En todos esos casos, había una concentración en el trabajo con una clara diferenciación entre el campo, el bosque, la fábrica y el hogar. Esto significa que nuestro cerebro no está preparado para trabajar eficientemente hoy en día. Para visualizar el cambio véase la Figura PI.1.

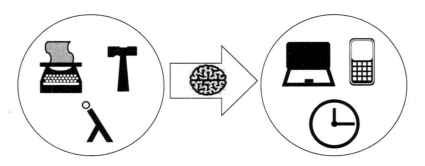

Figura PI.1. La vida laboral ha cambiado.

El entorno laboral actual en el que prima la información es a menudo frenético y ambiguo con la línea que separa el trabajo de la vida personal, cada vez más difusa. No resulta sorprendente entonces que la Organización Mundial de la Salud prediga que el estrés laboral, la fatiga y la depresión se convertirán en las principales enfermedades hacia el 2020 uniéndose a enfermedades permanentes como la diabetes o los infartos.[5]

En el mejor de los casos nos enfrentamos a un desafío. Por un lado, tenemos una vida compleja, estimulante y excitante. Dinámica y vertiginosa, llena de posibilidades. Por otro lado, tenemos un cerebro creado para tiempos más simples. Afortunadamente, hay cosas que podemos hacer para gestionar mejor los desafíos laborales actuales y contar con un segundo de ventaja ante las demandas y responsabilidades de esta era cargada de información.

Esta primera parte del libro examina diferentes técnicas diseñadas para ayudarte a enfrentar esta realidad con energía, entusiasmo y equilibrio. Presentados en forma de breves consejos, lo suficientemente cortos como para ser leídos en una breve

---

5. C. J. L. Murray y A. D. Lopez (1996), «Evidence Based Healch Policy: Lessons from the Global Burden of Disease Study,» *Science* Vol. 274, N.º 5288: 740-743.

sentada, cada una de las 16 técnicas está diseñadas para optimizar tus recursos mentales y bienestar mientras enfrentas los desafíos cotidianos. Mientras más técnicas puedas realizar con efectividad, mayores beneficios obtendrás.

Primero veremos las bases del mindfulness y examinaremos los datos que muestran sus beneficios y efectividad, y luego las habilidades básicas para implementarlo en el lugar de trabajo.

Hay que tener en cuenta que estas técnicas son simplificaciones de una tradición más amplia de prácticas de mindfulness. La clave es tener una vida mindfulness diaria y para ello establecer tu propia rutina diaria de actividades mindfulness.

Mientras tanto, comencemos a explorar qué significa tener *Un segundo de ventaja*.

1
Gestionar tu mente – Primeros pasos

Jacob era un alto ejecutivo en una empresa de servicios financieros europea que, como muchos de sus colegas, estaba siempre activo, conectado con su oficina de una forma u otra todo el día, diariamente. Siempre estaba ocupado con una ingente cantidad de e-mails y reuniones. Cada vez que tenía un momento libre, alguien le interrumpía con alguna cosa urgente que necesitaba su atención inmediata.

La primera vez que hablé con Jacob me dijo que sentía que no controlaba su vida; que estaba siempre intentando recuperarse y sobrecargado con cosas externas que no podía controlar y que eran las que dictaban su realidad cotidiana. Sentía que vivía con el piloto automático puesto sin tener claro cuál era su destino.

¿Te suena familiar?

Como muchos de nosotros, Jacob anhelaba tener mayor control. Un amigo que había participado en uno de nuestros talleres le sugirió que me llamara. En la primera reunión convinimos un programa de cuatro meses basados en las técnicas y estrategias que se muestran en este libro. Durante ese lapso mantuvimos diez reuniones de una hora y él se comprometió a dedicar diez minutos diarios al programa. A pesar de ser un programa diseñado para una persona ocupada como él, seguía requiriendo una inversión considerable de su tiempo.

Después de los cuatro meses, le pregunté a Jacob qué había obtenido con el programa. Su respuesta fue:

—*Un segundo.*

Al principio su respuesta me tomó por sorpresa. ¿Cuatro meses de programa para ganar solo un segundo? No parecía una gran ganancia.

Luego me explicó lo que quería decir:

—Antes, cuando algo ocurría, reaccionaba automáticamente. En cuanto entraba un correo, lo leía. Cada vez que recibía una solicitud, la respondía. Cada vez que un pensamiento o emoción cruzaba mi mente, me distraía de lo que estaba haciendo. Era víctima de mis propias reacciones automáticas. Los cuatro meses de entrenamiento me han permitido tomarme un segundo entre lo que sucede y mi reacción, así puedo elegir mi respuesta y no ser víctima de mi respuesta automática. No siempre puedo controlar lo que me sucede, pero puedo elegir mi reacción.

La historia de Jacob describe lo que millones de personas sienten a diario.

Pero ¿un segundo? ¿Qué puede pasar en un segundo?

Todo.

Un segundo es la diferencia entre coger el tren o llegar tarde al trabajo; es la diferencia entre cruzar el semáforo en amarillo o en rojo; es la diferencia entre un problema y una catástrofe.

En las olimpiadas, un segundo marca la diferencia entre ser medalla de oro y quedar inmortalizado o quedar último y en el olvido.

En nuestro mundo, la velocidad cada vez tiene más importancia en todos los aspectos, pero especialmente en los negocios. Con el advenimiento del trading de alta frecuencia, millones de dólares pueden cambiar de manos en milisegundos. Eso es la décima parte de un pestañeo. A medida que el ritmo de intercambio se acerca a la velocidad de la luz un segundo es la diferencia entre ser normal o de alto rendimiento.

A Jacob un segundo le permitió recobrar el control de sus pensamientos, acciones y, lo más importante, su vida.

Este capítulo busca otorgarte ese segundo de ventaja en tu vida. Juntos analizaremos nuestras tendencias cognitivas naturales, su efecto en nuestro rendimiento y veremos formas de aumentar la productividad.

¿Quién tiene el control?

La vida son resultados, los resultados dependen de nuestras acciones. Nuestras acciones dependen de las elecciones que hagamos. Y nuestras elecciones, de los pensamientos (véase Figura 1.1).

Figura 1.1. Los resultados provienen de la atención.

Nuestros pensamientos son la base de todo lo que queremos conseguir en la vida. Por eso, nuestra habilidad para gestionar la mente es crucial. Podemos gestionar nuestros pensamientos cuando nuestra mente está clara, calmada y centrada.

Según afirman algunos científicos, nuestra mente divaga casi la mitad de las horas que pasamos despiertos.[6] Constan-

---

6. M. A. Killingsworth y D. T. Gilbert (2010), «A Wandering Mind Is an Unhappy Mind», *Science* 12, Vol. 330, N.º 6006:932.

temente pensamos en cosas que sucedieron en el pasado o que pueden suceder en el futuro, en lugar de atender lo que sucede ahora mismo. Eso limita nuestra capacidad de conseguir resultados.

¿Es este tu caso? Aquí tienes un pequeño test:

1. Pon un cronómetro por 45 segundos.
2. Concentra tu atención en un pensamiento: reunión, correo o lo que sea.
3. Concéntrate en eso y solamente en eso.
4. No prestes atención a nada más durante ese lapso.

¿Has sido capaz de mantenerte concentrado en esa única cosa? Si eres como la mayoría de las personas, durante esos 45 segundos te habrás distraído varias veces. No te preocupes, es normal.

Si te identificas con estas situaciones, te darás cuenta de que tu mente, a veces, tiene vida propia. Es decir, es difícil gestionar tu mente y aquello a lo que le presta atención. Pero si es cierto que nuestra mente forma nuestro futuro y no tenemos realmente control de nuestros pensamientos, surge una pregunta importante: ¿quién toma las decisiones en nuestra vida?

Para muchos de nosotros esta pregunta es cada vez más difícil de responder. La tendencia natural de la mente a divagar se ha acentuado con el tiempo. Antes de Internet y la informática era más fácil prestar atención a una cosa, pero en poco tiempo hemos pasado de lidiar con una máquina de escribir y un teléfono, a hacer malabares con smartphones, email o tuits. Tenemos montañas de evidencias, así como un montón de artículos hablando de los efectos perjudiciales que la inmersión digital produce en nuestra atención y productividad.

Bienvenido a la economía de la atención

La vida laboral ha cambiado radicalmente en los últimos años. Solíamos tener condiciones laborales en las que era más fácil prestar atención al trabajo que realizábamos. Ahora experimentamos distracciones y sobrecarga de información todo el tiempo. Nuestros teléfonos móviles, tabletas, emails, y similares demandan permanentemente nuestra atención. Según Tom Davenport, director del Instituto para el Cambio Estratégico de Accenture: «Entender y gestionar la atención es lo más importante para conseguir el éxito empresarial».[7]

Vivimos en la era de la «economía de la atención donde la habilidad para gestionar nuestra calidad de atención es clave para el éxito. Pero en la era digital, donde nuestra capacidad de prestar atención se pone a prueba, nos encontramos con un problema.

¿Qué tan grande es el problema? Investigadores que han analizado el comportamiento de la mente han llegado a la conclusión de que en promedio un 46,9% del tiempo se la pasa divagando.[8]

En otras palabras, mientras estamos en el trabajo, solo el 53,1% del tiempo estamos haciendo nuestra tarea. El resto del tiempo, hacemos otras cosas. Desde una perspectiva de recursos humanos hay mucho potencial a desarrollar. Tan solo un pequeño incremento en el tiempo de trabajo efectivo puede mejorar significativamente el rendimiento individual y del equipo y todo lo que se pueda beneficiar de mejor atención: productividad, servicio de atención, seguridad.

---

7. T. H. Davenport y J. C. Beck (2001), *The Attention Economy: Understanding the New Currency of Business*, (Boston, MA: *Harvard Business Review Press*).

8. Killingsworth y Gilbert, «A Wandering Mind», 932.

La atención es, en efecto, una nueva variable del rendimiento en los negocios. Tradicionalmente, la productividad se mejoraba con gestión del tiempo, priorizando habilidades, estableciendo objetivos y cualificaciones generales. En la era digital, la atención se está convirtiendo en una forma de mejorar el rendimiento. Bienvenidos a la economía de la atención.

Ciertos investigadores han descubierto que el cerebro tiene una determinada forma de reaccionar ante las distracciones de la era digital: intenta atender a todo al mismo tiempo, busca la multitarea, y ¿a quién no le gustaría poder hacer varias tareas al mismo tiempo? Algunas empresas hasta piden empleados que sean buenos en realizar múltiples tareas a la vez. Pero cuando intentamos hacer muchas cosas al mismo tiempo, las investigaciones dicen que cometemos más errores, perdemos más tiempo y utilizamos más energía mental.

La multitarea es un mito

Muchos tenemos la ilusión de que podemos hacer varias cosas simultáneamente, ya sea conducir un vehículo mientras hablamos por teléfono, estar en una reunión mientras contestamos emails o conversar mientras contestamos mensajes. Aclaremos: podemos hacer muchas tareas a la vez sin una atención consciente. Por ejemplo, podemos hablar y caminar a un tiempo o podemos conducir con el piloto automático.

Pero desde una perspectiva neurológica, no somos capaces de concentrarnos en más de una cosa al mismo tiempo. Lo que en realidad hacemos es *cambiar de tareas*: cambiar nuestra atención rápidamente entre distintas actividades. Por ejemplo, prestamos atención a la conducción un segundo, y otro a lo que hablamos por teléfono. A veces cambiamos tan rápido de tareas que pensamos que lo hacemos al mismo tiempo, pero no es así.

El cerebro no informático

El término «multitarea» (*multitasking*) proviene del sector informático en referencia a que un ordenador puede realizar varias tareas de manera simultánea. Se pueden tener abiertas varias ventanas con distintos programas funcionando al mismo tiempo. Eso destaca una gran diferencia entre los humanos y los ordenadores, los cuales tienen varios procesadores que pueden trabajar a la vez, mientras que el hombre solo tiene un cerebro y una atención singularizada.

Cuando tenemos muchas cosas para hacer, intentamos hacerlas al mismo tiempo. La realidad es que, a pesar de lo asombroso y poderoso que es nuestro cerebro, no podemos concentrarnos en dos cosas al mismo tiempo.

Respecto a las multitareas en el entorno laboral, los investigadores han encontrado que «los que hacen muchas cosas a la vez son expertos en hacer cosas irrelevantes que le distraen la atención todo el tiempo»[9]. Es probable que te haya sucedido algo como esto al intentar cumplir una simple tarea como comprarle un libro de regalo a tu madre. Vas a la página de Amazon y mientras buscas los que le gustarían a tu madre, ves algunos que podrían interesarte a ti. clicas en un enlace y lo abres para ver qué dice, lo lees y luego pasas a ver un video y después de unos minutos te das cuenta de que ya no sabes qué tarea estabas por realizar.

---

9. Eyal Ophir, Clifford Nass y Anthony D. Wagner. (2009), «Cognitive Control in Media Mulcitaskers», *Proceedings of the National Academy of Sciences of the United States of America*, Vol. 106, N.º 37: 15583-15587.

Los estudios también revelan que «la multitarea termina por hacer menos satisfactorio el trabajo, daña las relaciones personales, afecta a la memoria e impacta negativamente en la salud»[10]. Muchos de estos estudios han demostrado que se termina perdiendo más tiempo en realizar las tareas y se producen más errores. Esto es así porque cuando cambiamos de una tarea a otra, se requiere de un determinado tiempo de adaptación. Dependiendo del tipo de tareas puede consistir en unos segundos o en varios minutos. Este fenómeno es conocido como *Tiempo del cambio*. Este tiempo del cambio drena nuestra energía y disminuye nuestra productividad.

Asimismo, investigaciones de la *Harvard Business School* han demostrado que disminuye la creatividad.[11] Evaluaron a 9000 personas que trabajaban en proyectos innovadores y creativos y descubrieron una notable merma en el pensamiento creativo de aquellos empleados que hacían multitareas, y un aumento de la creatividad en aquellos que se enfocaban en una sola tarea.

En resumen, cuando hacemos multitareas, perdemos efectividad cometemos más errores y perdemos atención y creatividad. Pero si la multitarea es tan mala ¿por qué tantos seguimos haciéndola?

Porque es adictiva, cambiar una y otra vez de tarea es emocionante, aunque sea estresante y drene energía.[12] En otro estu-

10. D. Bawden y L. Robinson (2009), «T he Dark Side o finformation: Overload, Anxiety and Other Paradoxes and Pathologies», *Journal of Information Science*, Vol. 25, N.º 2: 180-191.

11. T. M. Amabile, C. N. Hadley y S. J. Kramer (2002), «Time Pressure and Creativity in Organizations-A Longitudinal Field Study», *Harvard Business School Working Paper*, N.º 02-073.

12. S. Shellenbarger (2003), «New Studies Show Pitfalls of Doing Too Much at Once», *The WallStreet Journal*, 27 de febrero, wsj.com/articles/SB1046286576946413103.

dio de la universidad de Harvard, se demostró que la multitarea produce inyecciones de dopamina en el cerebro.[13] La dopamina es un neurotransmisor natural del cerebro que se relaciona con las adicciones. Debido a esta gratificación constante, el cerebro busca nuevas inyecciones de dopamina, y las tareas rápidas y fáciles como contestar un email, producen ese efecto. De hecho, la multitarea entrena al cerebro para distraerse y aceptar las ineficiencias que crea.

Pero hay una forma de romper este hábito.

La mente bien entrenada

El mindfulness es para ti. Consiste en sobreponerse a la trampa de la multitarea y entrar en la economía de la atención con un segundo de ventaja sobre tu mente divagadora y sus distracciones externas. Consiste en ser la mejor versión de ti mismo cada día. Es conseguir mayor efectividad mental de forma que puedas desarrollar tu potencial tanto a nivel profesional como personal. Efectividad en este contexto es la capacidad de conseguir tus objetivos y deseos.

El entrenamiento mindfulness se ha ido desarrollando durante miles de años y en las últimas décadas se ha expandido en Occidente a través de distintas aproximaciones e interpretaciones. Nosotros adoptamos la interpretación más cercana a la antigua: una mente en equilibrio que ve claramente la realidad y que valora la ética. Una mente equilibrada está clara, atenta y relajada. Es una mente que ve claramente que la rea-

---

13. E. M. Hallowell y J. J. Ratey (2006), *Delivered from Distraction-Getting the Most Out of Life with Attention Deficit Disorder* (New York: Ballantine Books).

lidad es cambiante, un mero potencial, y que conoce la diferencia entre la felicidad genuina y el mero placer. Valorar la ética significa discernir continuamente qué es constructivo en su conjunto y qué no.

Sabiduría antigua, trabajo moderno

En la economía de la atención, mindfulness es aprender a gestionar tu atención. Cuando lo consigues puedes gestionar tus pensamientos, aprendes a prestar atención a lo que elijas, sea esta página, un email, tu pareja o tu hijo. Es decir, entrenas a tu mente para estar más presente en el momento.

Después de años trabajando con miles de personas de todo el mundo, he visto como practicar mindfulness ayudaba a la gente a tener una mente más clara y calmada. Con una mente así se consigue ser más eficiente y colaborativo, y obtener una mejor perspectiva acerca de la vida y de las elecciones que uno realiza.

Pero no hace falta que me creas a mí. Desde los primeros experimentos controlados de mindfulness, el mundo científico ha descubierto sus grandes beneficios. Tiene un impacto positivo en nuestra fisiología, en nuestros procesos mentales y en el rendimiento. A nivel fisiológico se ha demostrado que mejora el sistema inmune[14], disminuye la presión arterial[15] y baja

---

14. R. J. Davidson *et al.* (2003), «Alterations in Brain and Immune Function Produced by Mindfulness Meditation», *Psychosomatic Medicine*, Vol. 65, N.º 4: 564-570.

15. S. Rosenzweig, D. K. Reibel, J. M. Greeson, J. S. Edman, S. A. Jasser, K. D. McMearty y B. J. Goldstein (2007), «Mindfulness-Based Stress Reduction Is Associated with Improved Glycemic Control in Type 2 Diabetes Mellitus», *Alternative Therapies in Health and Medicine*, Vol. 13, N.º 5: 36-38.

el ritmo cardíaco[16]. La gente duerme mejor[17] y se siente menos estresada[18].

La práctica del mindfulness aumenta la densidad de las células grises de la corteza cerebral, la parte que piensa racionalmente y soluciona problemas.[19] Las funciones cognitivas mejoran, resultando en una mejor memoria[20], más concentración[21], menor rigidez cognitiva[22], y mejores tiempos de reacción[23]. No es

16. F. Zeidan, S. K. Johnson, N.S. Gordon y P. Goolkasian (2010), «Effects of Brief and Sham Mindfulness Meditation on Mood and Cardiovascular Variables», *Journal of Alternative and Complementary Medicine*, Vol. 16, N.º 8: 867- 873. Algunas investigaciones incluso sugieren que la práctica del mindfulness disminuye el envejecimiento del cuerpo a nivel celular. T. L. Jacobs *et al.* (2010), «Intensive Meditation Training, Immune Cell Telomerase Activity, and Psychological Mediators», *Psychoneuroendocrinology,* Vol. 36, N.º 5: 664-681.

17. L. E. Carlson y S. N. Garland (2005), «Impact of Mindfulness Based Stress Reduction (MBSR) on Sleep, Mood, Stress and Fatigue Symptoms in Cancer Outpatients», *International Journal on Behavioral Medicine,* Vol. 12, N.º 4: 278-285.

18. Christian G. Jensen, «Corporate-Based Mindfulness Training in Denmark-Three Validation Studies», Neurobiological Research Unit, Copenhagen University Hospital (forthcoming).

19. G. Pagnoni y M. Cekic (2007), «Age Effects on Gray Matter Volume and Attentional Performance», *Neurobiology of Aging*, Vol. 28, N.º 10: 1623-1627.

20. F. Zeidan, S. K. Johnson, B. Diamond, Z. David y P. Goolkasian (2010), «Mindfulness Meditation Improves Cognition-Evidence of Brief Mental Training», *Consciousness and Cognition,* Vol. 19, N.º 2: 597-605.

21. K. A. MacLean *et al.* (2010) «Intensive Meditation Training Improves Perceptual Discrimination and Sustained Attention,» *Psychological Science,* Vol. 21, N.º 6: 829- 839.

22. J. Greenberg, K. Reiner y N. Meiran (2012), «Mind the Trap: Mindfulness Practice Reduces Cognitive Rigidity», *PLoS ONE*, 7(5): e36206.

23. Greenberg, Reiner y Meiran, «Mind the Trap,» e36206.

sorprendente que la gente que lo practica reporte una mejor calidad de vida[24].

Estos resultados son claramente beneficiosos en un contexto empresarial, donde pueden conseguirse en un breve período de tiempo. Por ejemplo, un investigador de la Management University de Singapur evaluó la efectividad de nuestros programas de mindfulness en la empresa Carlsberg, una cervecera, y en If Insurance, una empresa europea de seguros. Encontró sustanciales mejoras en la concentración, la atención, memoria, rendimiento y satisfacción laboral tan solo nueve semanas después de comenzado el programa. Los empleados también mencionaron tener menos estrés y un mejor equilibro laboral-personal[25]. Otros investigadores han descubierto similares beneficios incluyendo:

- Mayor creatividad e innovación.[26]
- Mejores relaciones entre empleados y empleadores.[27]

---

24. Zeidan *et al.*, «Effects of Brief and Sham Mindfulness Meditation».

25. Basado en las investigaciones del Profesor Jochen Reb de la Singapore Management University sobre los programas realizados en Carlsberg e If Insurance. Al momento de publicación, estos resultados han sido presentados en conferencias pero aún no se han publicado. Se pueden ver algunos resultados en: www.youtube.com/potentialproject y todos completos están publicados en www.potentialproject.com. Un investigador de la University of Copenhagen descubrió beneficios similares en la evaluación de un programa de nueve semanas en un hospital privado de Copenhague. Jensen, «Corporate-Based Mindfulness Training in Denmark».

26. M. Murphy y S. Donovan (1999), *The Physical and Psychological Effects of Meditation: A Review of Contemporary Research with a Comprehensive Bibliography, 1931-1996* (2.ª ed.) (Sausalito, CA: Institute of Noetic Sciences).

27. T. L. Giluk (2010), «Mindfulness-Based Stress Reduction: Facilitating Work Outcomes through Experienced Affect and High-Quality Relationships», PhD diss., University of Iowa.

- Baja de absentismo laboral por enfermedad.[28]
- Mejor toma de decisiones éticas.[29]

La práctica del mindfulness es, en definitiva, una herramienta para desarrollar una mente efectiva y funcional. Por suerte para todos nosotros, las investigaciones han demostrado en las últimas tres décadas que la atención, al igual que otras funciones cerebrales, puede ser entrenada.

El cerebro adaptable

El entrenamiento del cerebro es posible debido a lo que los científicos llaman neuroplasticidad, que es la flexibilidad estructural del cerebro, incluyendo la habilidad de crear nuevos circuitos neuronales a través de la práctica y la repetición. En neurociencia se dice que las «neuronas que se activan juntas, quedan conectadas».

Se ha demostrado que conservamos una gran plasticidad a lo largo de nuestra vida adulta. Esta modificación ocurre cuando, por ejemplo, aprendemos una nueva habilidad, como hacer malabares, jugar al golf tocar el banjo o entrenar nuestra atención con la práctica del mindfulness.

Todo lo que hacemos se vuelve más fácil de repetir porque nuestro cerebro activa nuevas conexiones neuronales cada vez

---

28. B. Barrett, M. S. Hayney, D. Muller, D. Rakel, A. Ward, C. N. Obasi, R. Brown, Z. Zhang, A. Zgierska, J. Gern, R. West, T. Ewers, S. Barlow, M. Gassman y C. L. Coe (2012), «Meditation or Exercise for Preventing Acure Respiratory Infection: A Randomized Controlled Trial», *Annals of Family Medicine,* Vol. 10, N.º 4: 337-346.

29. S. L. Shapiro, H. Jazaieri y P. Goldin (2012), «Mindfulness-Based Stress Reduction Effects on Moral Reasoning and Decision Making», *Journal of Positive Psychology,* Vol. 7, N.º 6: 504-515.

que lo hacemos. Esto debería ser una buena noticia: no estamos determinados por las facultades y aptitudes que hemos desarrollado, sino que podemos seguir aprendiendo y creciendo reconectando nuestros cerebros a lo largo de nuestra vida y así poder enfrentar algunos de los desafíos de atención de la vida moderna.

Esto nos lleva a la base de la práctica del mindfulness.

Las bases del mindfulness

Las características esenciales son *atención y consciencia abierta*. Atención es la habilidad de concentrarse en un objeto elegido por un período de tiempo con un mínimo esfuerzo. Entrenar la atención ofrece el beneficio de estar plenamente presente con otras personas o al realizar tareas. Conciencia abierta es la habilidad de ver claramente qué es lo sucede en tu mente y elegir de manera adecuada en qué focalizar nuestra atención. Entrenando la conciencia abierta se gana claridad. El desorden del mundo exterior y de tu propia mente se reduce. Al estar más consciente, aun los problemas más complejos parecen más fáciles de resolver. La efectividad óptima se consigue cuando una persona está atenta y con la conciencia abierta. Esta es la esencia del mindfulness y el objetivo a trabajar en este libro.

Por supuesto, en conseguir este estado mental requiere de práctica y tiempo. Mientras lees este libro, espero que vayas practicando mindfulness en todos los aspectos de tu vida, pero por ahora enfoquémonos en los pequeños pasos que puedes dar para mejorar tu rendimiento laboral. Esto comienza al entender la atención y la conciencia en acción o lo que llamamos las dos reglas de la eficacia mental.

Las dos reglas de la eficacia mental

Hay dos reglas básicas que te ayudarán a gestionar la atención y la conciencia en todas las actividades a fin de mejorar la efectividad, reducir el estrés, mejorar la satisfacción laboral y aumentar el bienestar general. También ayudan a reducir la tendencia del cerebro a realizar multitareas. Estas dos reglas están basadas en las prácticas de mindfulness descritas en los capítulos 2 y 3.

Regla 1: Concéntrate en lo que eliges

Una mente concentrada y atenta te ayuda a ser más eficiente y, productivo, y a estar tranquilo al realizar tus tareas. Una mente concentrada no cae en las multitareas: sino que se concentra en la tarea o en la persona con la que se encuentra.

Para ayudar a utilizar esta regla, imaginemos el siguiente escenario. Llegas a tu trabajo un lunes por la mañana y tienes una tarea para hacer en treinta minutos. Para cumplir con el plazo, te concentras en ella. Entonces un compañero de trabajo comienza a hablar en voz alta por teléfono. Normalmente tu mente comienza a escuchar la conversación ajena, pero si aplicas la primera regla, te mantendrás centrado. Reconocerás que esa conversación es una distracción, y que puedes elegir, ya sea concentrarte en la distracción o en la actividad que tienes que hacer.

Luego, una alerta de correo electrónico suena, y atrae tu atención. Sientes un fuerte deseo de mirar quién ha enviado el email. Pero adoptas la decisión consciente de continuar concentrándote en tu tarea. Dejas de lado una nueva distracción y sigues con tus ocupaciones. Continúas tomando este tipo de decisión consciente durante la media hora hasta que terminas la tarea prevista.

Para concentrarte en lo que eliges tienes que reconocer que la mayoría de las distracciones son irrelevantes y que puedes dejarlas momentáneamente de lado. Casi todas ellas deben obviarse. La conciencia, en la práctica del mindfulness, demuestra que tus pensamientos están llenos de intrascendencias. Tu entorno también está lleno de cosas a las que no necesitas prestarles atención. Al decidir conscientemente a qué vas a prestar atención, evitas ser víctima de las distracciones. Tan simple como suena, la primera regla es una manera poderosa de mejorar tu productividad.

Por supuesto que hay algunas distracciones que sí merecen nuestra atención. Imagina que estás trabajando y viene tu jefa y te comenta que necesita que vayas a su oficina urgentemente porque están a punto de perder una cuenta importante. No tendría sentido que debido a la primera regla no atendieras a tu jefa y continuaras con lo que estabas haciendo. Podrían incluso despedirte.

La disponibilidad, la comunicación abierta y ayudar a los demás es parte del éxito de toda organización. Si todos nos centramos únicamente en nuestras tareas, la colaboración y la creatividad se verían resentidas. Así que, a pesar de que la primera regla funciona, la mayoría de las veces necesitamos también una segunda regla.

Regla 2: Elige tus distracciones conscientemente

Esta regla te permite trabajar centrado a la vez que permaneces abierto a tu entorno y a reconocer cuándo has de cambiar de tarea.

Veamos el mismo escenario anterior a la luz de esta regla. Con la conversación de tu compañero y el email has tomado la decisión adecuada. Cuando aparece tu jefa, necesitas adoptar otra decisión. La segunda regla te permite evaluar sucintamente cada distracción. ¿Debo atender esta distracción u olvidarla? Si quieres conservar tu empleo, es mejor que le prestes atención a tu jefa. Eso no quiere decir que debas dividir tu atención entre tu tarea y tu jefa cambiando de una a otra, eso sería hacer multitareas y eso no funciona. Esta regla te permite adoptar conscientemente la decisión de dejar lo que estabas haciendo y concentrarte en tu jefa.

Cuando aplicas ambas reglas tienes tres opciones para responder a cualquier distracción:

1. Puedes elegir no hacerle caso a la distracción y continuar tu tarea.
2. Puedes decirle a tu distracción (externa o interna) que te encargarás de ella más adelante, y seguir centrado en tu tarea.
3. Puedes elegir dedicarle toda tu atención a la distracción y convertirla en nuevo objeto de concentración. Tu tarea actual se deja de lado para hacerla más adelante.

La realidad es que todos debemos gestionar muchas tareas, proyectos y personas dentro de un tiempo limitado. Intentar hacer todas las cosas en tu mente a la vez no funciona. Cambiar conscientemente entre una y otra sí. Para explorar esta idea pongamos ambas reglas dentro de una matriz que muestra los diferentes niveles de eficacia mental en el contexto laboral.

Mindfulness aplicado

Al aplicar ambas reglas te concentras en lo que haces al mismo tiempo en que estás alerta de las distracciones y eliges cuáles atender y cuáles no. Es entendible que a veces nos encontremos ante situaciones en que aplicamos una regla, pero no la otra. Para entender mejor cómo funcionan ambas reglas véase la Figura 1.2.

Como muestra el primer cuadrante, cuando estás centrado y en piloto automático, tu estado mental fluye, entra en lo que se conoce como «*fluir*». Algunas personas prefieren trabajar en este estado, especialmente en tareas rutinarias o de esfuerzo físico. El fluir se caracteriza por cierto estado de concentración sin la existencia de distracciones. Eso puede significar un problema durante trabajos rutinarios, puesto que puedes ignorar señales que te avisen de problemas fisiológicos, como el cansancio, o del entorno que pueden ser importantes. Necesitamos tener consciencia para elegir las distracciones relevantes (como la llegada de la jefa) o señales de tu cuerpo. Aunque muchas cosas se pueden hacer en piloto automático, es conveniente tener los sentidos alerta a nuestro entorno.

Figura 1.2. Matriz de la efectividad mental.

En el cuarto cuadrante, eres consciente, pero te distraes fácilmente. A veces es bueno desconcentrarse un poco y dejar que la mente divague con distintos pensamientos. Algunos se sienten mucho más creativos en este cuadrante. Pero si la mente está muy distraída, tendrás dificultad para retener las buenas ideas. Estas solo se convierten en soluciones innovadoras cuando tienes la conciencia necesaria para retenerlas y ejecutarlas.

En el tercer cuadrante (mindless) no estás ni centrado ni consciente. Algunos ven como el más relajante, pero analizándolo bien, no lo es tanto. La próxima vez que estés soñando despierto y en piloto automático, pregúntate: ¿estoy realmente relajado? Con un poco de entrenamiento verás que una mente concentrada está mucho más relajada que una distraída. Además, en un entorno laboral, definitivamente no es un estado mental muy práctico. A menudo cuando explico este cuadrante en nuestros talleres, algunos argumentan que ese estado es bueno para determinadas situaciones dolorosas (como ir a un dentista) en la cual prefieren estar ausentes de cuanto sucede. Sin embargo, en mi experiencia aún en situaciones dolorosas, es preferible estar consciente y centrado.

En el segundo cuadrante (mindful) es en el que tenemos mayores posibilidades para completar tareas y realizamos las interacciones más enriquecedoras con otras personas. Al ser el estado donde se unen las dos reglas de la efectividad mental, estamos presentes en lo que hacemos. Se trata de un estado mental que tiene un segundo de ventaja respecto a las externas y a las distracciones mentales. Es la mejor respuesta a la era digital y una forma de mejorar tu rendimiento en la economía de la atención.

Obstáculos perpetuos

Esto no significa que el mindfulness sea simplemente elegir el cuadrante del estado mental que uno quiere. Todos nos enfrentamos continuamente a obstáculos que nos dificultan mantener la atención y la concentración. Para la mayoría de las personas el gran desafío proviene de sus propias mentes. Si estás acostumbrado a la multitarea, te verás tentado una y otra vez a hacer varias cosas a la vez. Cada vez que te descubras haciendo multitareas, detente y concéntrate en hacer una sola. Después de un tiempo crearás nuevas conexiones neuronales y adoptarás hábitos nuevos.

El otro gran obstáculo con el que se encuentran las personas es el del entorno laboral, en ello se incluye tanto el diseño de las oficinas como los compañeros de trabajo. Muchas organizaciones presuponen la disponibilidad y la urgencia. Aunque es necesario que las personas estén disponibles y que puedan responder a cuestiones urgentes, esto debe equilibrarse aplicando las dos reglas que permiten maximizar el rendimiento mental. Al mantener un adecuado nivel de conciencia, puedes encontrar el equilibrio necesario para estar atento a situaciones que necesiten que cambies el foco de atención.

Una nueva forma de trabajar

Dicho en forma sencilla: la manera en la que muchos funcionamos, no funciona.

Necesitamos una nueva perspectiva.

Al combinar la regla de céntrate en lo que eliges con la de elige de forma mindfulness tus distracciones, estarás consiguiendo una nueva forma de funcionar en el trabajo que puede mejorar mucho el rendimiento. Los elementos clave de las dos reglas son directos: presta toda tu atención consciente a lo que estás haciendo en un determinado momento. Si estás contestando un e-mail, préstale toda tu atención. Cuando estás con otras personas, dedícales toda tu atención. No intentes hacer otras tareas cognitivas a la vez, pues tu atención se fragmentará y las cosas importantes se verán afectadas.

Las ventajas de esta perspectiva son significativas e incluyen más productividad, mejor rendimiento y menos estrés. Mantener tu concentración y elegir tus distracciones sabiamente, te permitirán estar un segundo por delante de tus propias reacciones, y podrás elegir tu respuesta a lo que te suceda interna y externamente en lugar de reaccionar automáticamente. Simple pero poderoso. Estas dos reglas te ayudan a alejar el ruido y las interrupciones que desordenan tu mente y te permitirán seguir tu camino para llegar a tus objetivos.

En lo que resta de la primera parte del libro veremos cómo aplicar lo que hemos aprendido en este capítulo a los elementos cruciales de la vida laboral.

Mientras te imbuyes de las distintas técnicas que se expondrán en forma sucinta a continuación, hazlo con una mentalidad mindfulness. De tanto en tanto toma un descanso y concéntrate en tu respiración un momento. Mientras lo haces, revisa el estado mental en el que te encuentras ¿En qué cuadrante estás? Si te encuentras en otro que no sea el segundo cuadrante, concéntrate un poco más en tu respiración y deja que tu atención se calme y se centre. Luego continúa leyendo.

Técnica N.º 1
Correos electrónicos/Emails

En 1971, Ray Tomlinson, un ingeniero informático de Massachussets escribió en su ordenador las letras de la línea superior del teclado: «QWERTYUIOP», y la transmitió a otro que estaba en la misma habitación. Así nació el correo electrónico o email.

Desde entonces se ha expandido rápidamente. Estudios recientes indican que una persona promedio recibe y envía alrededor de cien emails diarios.[30]

Sea cual sea tu trabajo, tu ubicación o tu sector, probablemente los emails consuman una parte significativa de tu jornada laboral, y no siempre produciendo grandes resultados. En esta técnica veremos siete consejos mindfulness que nos permitirán ser más eficientes al utilizar el email, enviar mensajes, etc.

Guía N.º 1: Evita la adicción al email

¿Cada cuánto revisas tu bandeja de correo? ¿Unas pocas veces? ¿Cada hora? ¿Cada vez que recibes un aviso de correo

---

30. The Radicati Group, lnc. (2011), *Email Statistics Reponrt*, en www.radicati.com/?p=726l; Pew Internet, www.pewinternet.org

entrante? ¿Eres capaz de pasar un tiempo significativo sin revisarlo?

Si no lo eres, no estás solo. Se calcula que el 60% de los estadounidenses revisan el correo en vacaciones, y el 35% se irrita si pasan tres días sin conectarse.[31] Se ha estimado que unos 11 millones de ellos sufren de adicción al correo electrónico.[32]

Si crees que es una locura, es que lo es.

La dependencia del email es como cualquier otra dependencia. Cuando recibes un mensaje de agradecimiento de un cliente, un halago de tu jefe, te reenvían un artículo interesante o un chiste divertido, tu cerebro segrega dopamina, un neurotransmisor que te hace sentir bien. El deseo de recibir esa recompensa con un email hace que revises a menudo tu bandeja de entrada.

La práctica del mindfulness te permite entender y regular mejor tus pensamientos, sentimientos y deseos. Cuando sientas la necesidad de leer tu correo, sé consciente de esa necesidad, pero antes de sucumbir a ella, tómate un segundo y pregúntate si hay necesidad de reaccionar automáticamente a ese estímulo.

Puedes elegir.

A veces, un segundo de reflexión mindfulness es todo lo que necesitas para resistir un impulso automático. Hay una serie de cosas que puedes hacer para incrementar tus posibilidades de éxito y evitar esta adicción. La primera: elimina las notificaciones.

Guía N.º 2: Elimina todas las notificaciones

Tener tu correo siempre conectado, aun cuando sea en otra pantalla puede crear un «ruido» innecesario tanto en la vida de

---

31. The Radicad Group, Inc., *Email Statistics Reponrt*.

32. The Radicati Group, Inc., *Email Statistics Reponrt*.

las personas como de las organizaciones. Respecto al email, elimina las notificaciones, ventanas, alarmas o tonos que te informan de la recepción de uno. Eso te permitirá evitar distracciones entre los momentos designados para revisar el correo. Durante unos días fíjate cómo actúas con llos avisos activados, y luego qué sucede cuando están desactivados. Después de eso podrás tomar una decisión informada de cuál es la mejor forma de trabajar en tu caso.

La mayoría de las veces recibir una alerta de email hará que desvíes el foco de atención del trabajo que estás realizando y cambies de tarea. La siguiente guía es evitar ese cambio antes de que comience.

Guía N.º 3: Decide cuándo cambiar

Adictos o no, la mayoría tenemos nuestro correo abierto todo el día. Ayuda a sentirse perpetuamente productivo y actualizado. Activos permanentemente, a menudo contestamos los correos en cuanto llegan. Eso puede ser importante si se necesita una respuesta inmediata, pero también puede causar sus propios problemas.

Si dejas que tu concentración cambie cada vez que entra un correo, estarás perdiendo tiempo. Le toma varios segundos al cerebro concentrarse en un email, y otros tantos para volver a la tarea que estabas realizando, o aún más si es que has perdido el hilo de tu pensamiento. Además, estos cambios consumen un montón de energía y hacen que seas menos eficiente.

La mejor manera de lidiar con los emails es recordando las dos reglas: concéntrate en lo que eliges, y elige tus distracciones conscientemente. Si abres cada correo que te llega, no estás eligiendo tus distracciones de forma mindfulness.

Ten en cuenta por un momento el impacto que tiene revisar el correo en tu efectividad. Para la mayoría implica irse hacia el lado de piloto automático y distraído de la matriz de efectividad mental.

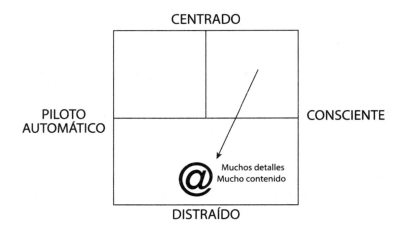

Figura T1.1. Los emails en la matriz.

Además de eliminar las notificaciones y ser consciente de tus cambios de atención, puedes estructurar el uso del correo de una forma más eficiente en tu trabajo.

Guía N.º 4: Nunca a primera hora de la mañana

A primera hora de la mañana el cerebro normalmente está más alerta, más centrado y creativo. Mucha gente abre el correo a primera hora de la mañana, desperdiciando los momentos de mayor creatividad y concentración.

Abrir el correo a la mañana, inmediatamente te sumerge en una serie de pequeñas tareas y problemas. Una vez que tu cerebro se acostumbra al ritmo del correo, tu energía creativa desaparece. Mirar el correo nada mas empezar el dia puede ser una oportunidad perdida de utilizar tu mente en su mejor momento. En lugar de ello, dedica las primeras horas a hacer alguna tarea importante y después de media o una hora, revisa tu correo.

Guía N.º 5: Asegúrate tiempo de concentración

Si te pasas el día abriendo y contestando correos, no estarás centrado ni en tu trabajo ni en los correos. En lugar de contestar en cuanto llegan, asigna un tiempo en tu agenda para revisar el correo y concentrarte en ello.

A veces, pequeños cambios en nuestra forma de funcionar pueden tener un gran impacto. Esta es una de esas oportunidades. Al establecer las sesiones, pregúntate cuántas veces, cuánto tiempo y cuándo lo harás.

Si decides realizar sesiones de comprobación del correo, asegúrate de anotarlas en tu agenda de cosas a realizar.

Cuántas veces conviene revisar el correo

La respuesta depende de tu temperamento, de la naturaleza de tu trabajo y de la cultura de tu organización. Lo importante es no revisar el correo en piloto automático. Hay que crear una distancia entre tu correo y las otras actividades, pero cuando lo revises hazlo bien centrado.

Durante cuánto tiempo

Cuánto debe durar tu sesión de revisión de emails depende de la cantidad de correos diarios que recibas. Calcula el tiempo que dedicas al día a esta actividad y divídelo por las dos o tres sesiones que dispongas. Si te concentras, es muy probable que termines utilizando menos tiempo del previsto, tiempo que puedes dedicar luego a otras actividades.

Cuándo agendar las sesiones de revisión de emails

Dependerá también de la cultura organizacional y de tu propia programación diaria. Una sesión a la mañana (no a primera hora) y otra a la tarde es ideal. Si son necesarias tres, puede ser justo antes o después de almorzar.

Por supuesto que hay más aspectos a tener en cuenta que estructurar las sesiones de revisión de correo. También es importante el tono de los mensajes. Comienza por evitar malas vibraciones.

Guía N.º 6: Evita las malas vibraciones

Cuando la mente recibe poca información respecto de las intenciones del remitente, suele crear su propia historia. A menudo están convencidos de que la historia que se han creado es cierta. Para complicar aún más las cosas, la mente tiende a enfatizar las historias negativas sobre las positivas. Tendemos a asumirlo, pero ¿por qué?

En su libro *Louder than words… non verbal communication*, Mele Koneya y Alton Barbour sugieren que una de las razones fundamentales por las que tenemos problemas con la comunicación electrónica es simplemente porque las palabras no son la principal forma de asimilar los mensajes.[33]

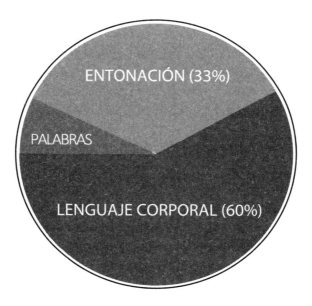

Figura T1.2. Canales de comunicación.

De hecho, se calcula que el 60% de la comunicación depende del lenguaje corporal, un 33% depende del tono de voz y solo un 7% de las palabras (véase la Figura T1.2.)

Puesto que el email solo utiliza el 7% de tu comunicación potencial, existe una gran posibilidad de ser malinterpretado. En este sentido, reaccionar automáticamente puede ser tu peor enemigo. Mejorar tu consciencia disminuirá la posibilidad de caer en malas interpretaciones o generar conflictos.

---

33. M. Koneya y A. Barbour (1976), *Louder Than Words... Nonverbal Communication* (New York: Merrill).

Tres preguntas pueden ayudarte a evitar las malas vibraciones y ser más mindful antes de enviar un mensaje:

1. *¿Realmente hace falta enviar este mensaje y, además, copiado a todas estas personas?* Asegúrate de no contribuir innecesariamente al exceso de emails. Asegúrate de que es necesario, y si no bórralo.

2. *¿Contiene el mensaje la información necesaria para ser interpretado correctamente?* Todos hemos enviado o recibido mensajes olvidándonos de adjuntar la información que queríamos proporcionar, lo que ocasiona un innecesario ida y vuelta de emails y una pérdida de tiempo.

3. *¿Cómo interpretará el mensaje el receptor?* Ponte en el lugar de la otra persona. Piensa cuál es la mejor forma de redactar algo para que no haya confusiones. Un segundo invertido en ponerse en el lugar del otro puede ser la diferencia entre una buena comunicación y un malentendido. Algo siempre es bueno: decir «gracias» y «lo siento» nunca está de más.

Todos hemos enviado algunos mensajes de los que nos hemos arrepentido. A través del mindfulness, podrás tener un segundo de anticipación antes de enviar esa respuesta inconveniente. Eso nos lleva a nuestra siguiente guía:

Guía N.º 7: Evita los emails emocionales

Puesto que los emails son susceptibles de ser interpretados de distintas formas, evitar los correos emocionales significa ser consciente de las propias historias que te cuentas y que puede ser peligroso creértelas.

Aunque la mayoría de los emails son positivos o neutrales, siempre hay excepciones. Antes de leerlos, mejor relajarse. Si alguno te genera una emoción negativa, no te precipites a contestarlo. Repito, evita el impulso de dar una respuesta inmediata. Primero intenta analizar cómo te hace sentir: ¿enojado, triste, agredido? Luego felicítate por ser consciente de tus reacciones ante ese mensaje. Recuerda las limitaciones del medio: solo un 7% de comunicación.

Aunque puede ser tentador ventilar tus emociones, pueden causar más daño que beneficio. Ten el coraje de enfrentarte ante esos sentimientos negativos, pero no cedas ante ellos.

Tómate el tiempo necesario como para pensar qué clase de respuesta será más beneficiosa tanto para ti como par el remitente. Tal vez la mejor respuesta no sea un correo sino hacer una llamada para aclarar el malentendido. Eso puede permitirte liberarte de una vez del problema en lugar de dar vueltas acerca de cómo contestar.

En lo que se refiere al email con mindfulness, seguir estas siete guías te ahorrarán muchísimo tiempo, reducirán tu estrés y aumentarán tu efectividad mental.

Consejos y reflexiones para gestionar el email con mindfulness

- Tómate un momento para reflexionar acerca de tu relación con la bandeja de entrada y pregúntate si es una distracción para ti.
- Decide cuándo usar y cuándo no usan el email utilizando guías claras que te ayuden a gestionarlo.
- Para aumentar la efectividad y la claridad mental, discute con tus colegas la política que utilizaréis respecto a los emails.

Técnica N.º 2

Reuniones

La forma en que la mayoría de las organizaciones realizan sus reuniones deja mucho que desear. De hecho, mucha gente las considera una pérdida de tiempo. Un estudio realizado entre ejecutivos estimó que entre el 25 y el 50% de las reuniones son una pérdida de tiempo.[34]

Y es aún peor:

Otro estudio de la *American Online and Salary* descubrió que el trabajador medio de Estados Unidos solo trabaja tres días a la semana.[35] ¿Tres días? Seguro que no es lo que sienten. Porque los otros dos días están llenos de actividades ineficientes como las reuniones.

Las reuniones se suponen que nos ayudan a aprovechar la sabiduría y experiencia colectiva, permitiéndonos hacer lo que no podríamos por nuestra cuenta. Sin embargo, cuando la gente no está concentrada en la reunión, no se puede aprovechar su potencial y, por lo tanto, es una pérdida de tiempo.

---

34. R. Williams (2012), «How Meetings Kill Productivity», *Financial Post,* 18 de abril, en business.financialpost.com/2012/04/18/how-meetings-kill-productivity.

35. L. Belkin (2007), «Time Wasted? Perhaps It's Well Spent», *The New York Times*, 31 de mayo, en www.nytimes.com/2007/05/31/fashion/31work.html.

Esta técnica busca formas de mindfulness a través de las cuales podamos obtener de las reuniones el máximo provecho en el menor tiempo.

Las tres fases de las reuniones con mindfulness

Lo primero que hay que cuestionarse es una pregunta muy simple: ¿son tus reuniones para beneficio tuyo y de los demás? Si la respuesta es sí, entonces tu primera preocupación es conseguir que las reuniones sean más eficientes para todos, y para eso hay que tener en cuenta las tres fases: la preparación, la reunión en sí y el final. Con esto se mejoran los resultados para todos.

Preparación mental

Se dice que un buen comienzo es tener la mitad del trabajo hecho hacia donde quieras llegar. Esto es especialmente cierto en lo que respecta a las reuniones.

Un buen comienzo requiere de una mente clara. Significa dejar de lado todo lo que estabas haciendo antes y dirigir tu atención a solo tres cosas: las personas con las que estás, la agenda de la reunión y tú mismo.

A pesar de lo importante que es la preparación mental, esta no requiere ni un minuto de tiempo. Puede hacerse individualmente o en grupo. Si lo haces solo, es fácil y flexible.

Antes de la reunión, concéntrate en tu respiración dejando que cualquier distracción pase de largo. En un minuto ya estás listo para lo que vendrá. Puedes elegir si hacer esta preparación en tu oficina, en el trayecto hacia la reunión o en la sala de reuniones antes de que lleguen los demás. Lo importante es concentrarte en la respiración y apartar las distracciones.

La preparación en grupo puede ser más beneficiosa para todos los que asistan a la reunión. No hace falta que lo llames mindfulness. Antes de comenzar, simplemente invita a los participantes a relajarse, a sosegar su mente y estar totalmente presentes en la reunión. Estar todos sentados en silencio en una sala puede ayudar a crear un fuerte lazo de unidad.

Veamos el caso de Mette, directora de Gestión de Personas en una gran empresa europea de bebidas. Sus días estaban literalmente cargados de reuniones. Para ella y su equipo, poder llegar a las reuniones preparados mentalmente ha significado un cambio significativo en la efectividad de las mismas. Respecto a su experiencia, dijo: «Nuestros edificios están muy separados unos de otros por lo que nos da tiempo suficiente para prepararnos mentalmente para las reuniones. Además, tenemos la costumbre de comenzar siempre con un minuto de silencio. Solo por aplicar estas simples medidas, hemos comprobado que las reuniones se hacen más cortas y son más entretenidas aun cuando toquemos temas espinosos. Todo es más fácil y mejor cuando todos somos conscientes de los otros».

Mette y su equipo no necesitaron grandes cambios en su rutina para mejorar la efectividad de las reuniones. Simplemente, aprovechar los tiempos de transición para prepararse mentalmente y tomarse unos minutos para estar en silencio al empezar, ha sido suficiente para modificar la cultura de las reuniones de la empresa y la efectividad de todo el equipo.

¡Pruébalo! La preparación mental deliberada es una buena forma de dejar de lado las distracciones y centrar toda tu atención en los asuntos de la reunión.

La reunión

Un propósito claro, una agenda definida, un tiempo acordado, la gestión de los temas que no tocan y la adhesión a los tiempos de intervención son las guías sólidas para una buena reunión. Pero aun con estas características, una reunión es útil si todos prestan atención. Si los participantes tienen sus portátiles o teléfonos sobre la mesa, la capacidad mental colectiva que debiera ser la base de la reunión, simplemente no estará allí. Si alguien decide contestar un mensaje, esa persona ha dejado la reunión. No solo no está presente en ella, sino que distrae a los demás. Cada vez que una persona lo hace, otra se siente tentada a hacer lo mismo o simplemente le irrita ver que el otro no presta atención. Luego, esa misma persona es posible que pregunte algo que ya fue tratado en la reunión, distrayendo aún más el flujo de la conversación y creando mayor frustración.

Todos hemos vivido alguna versión de este escenario: todos hemos visto cómo la energía puede declinar rápidamente mientras la gente se distrae más y más, y se frustra y enfada por la pérdida de tiempo. Estas reuniones duran más tiempo, son menos efectivas y, francamente, son experiencias poco placenteras.

Durante las reuniones, la base de la efectividad es la presencia real de los participantes. Cuando estamos junto a los demás, aprovechamos al máximo nuestra presencia con ellos. Por eso, la regla fundamental de una reunión mindfulness es: estar completamente presente junto a aquellos con los que estás mientras estés con ellos.

En cada reunión, tienes la oportunidad de centrar tu atención en el resto de asistentes. Para ello, céntrate en la persona que está hablando. A veces es todo un desafío estar totalmente presente, sobre todo cuando las reuniones son largas o sobre temas que no están directamente relacionados con tu trabajo.

Con práctica es más fácil, y después de un tiempo será tu forma natural de actuar.

Hay veces en que es importante tener ordenadores y teléfonos en una reunión, pero antes de dejarlos encendidos es bueno asegurarse de que lo están con el propósito de mejorar la efectividad de la reunión y no de crear distracciones. Igualmente, cuando tu teléfono vibra, páusate un segundo y piensa cuáles son tus prioridades. Piensa en el impacto que estar menos presente tendrá en los demás. Es muy probable que el mensaje o el texto pueda esperar.

Estas mismas guías se aplican a las reuniones virtuales, *conference calls*, y otras formas de reuniones remotas. Puesto que no estás cara a cara con los demás, puede ser especialmente difícil mantener la concentración y aunque sería genial poder decir que con mindfulness, conseguirás estar un 100% presente, no es tan fácil. Es importante reconocer que tienes opciones, y si decides contestar un email te arriesgas a perderte algo importante y a disminuir la efectividad de la reunión para todos.

En este sentido, el mindfulness es de gran utilidad. Te puede ayudar a aumentar la concentración en cada reunión, estar más atento a las distracciones y desarrollar la claridad necesaria para tomar buenas decisiones al instante.

Finalizar la reunión

Terminar las reuniones en el momento y en la forma adecuada es casi un arte. Es importante ser consciente de la importancia de terminarlas a tiempo, así todos pueden continuar con sus actividades. Antes de finalizar la reunión hay que asegurarse de que queden claras las siguientes etapas o acciones a realizar y quede documentado quién debe hacerlas.

Añadir algún tiempo al finalizar para practicar mindfulness también puede ser muy beneficioso en el sentido de suavizar un final abrupto. Tomarse unos minutos puede servir para volver a aclarar la mente y aumentar la relajación antes de comenzar con las otras actividades.

De hecho, algunas empresas permiten terminar antes las reuniones con el fin de dejar que los participantes aclaren sus mentes antes de retomar su actividad. Además, si las reuniones terminan antes hay menos apuro para retirarse, lo que permite un intercambio tranquilo entre los compañeros de trabajo. Si la reunión concluye con buen ambiente, la gente estará más deseosa de volver a reunirse en las siguientes ocasiones.

Las reuniones más importantes de la vida

Las reuniones más importantes de la vida no tienen lugar en salas de conferencias o salas de juntas. Es más, ni si quiera tienen relación con el trabajo. Las más importantes son las que tienes con tu pareja, tus hijos, tu familia y amigos. Esos son los momentos en los cuales tu presencia total es más importante y valiosa.

Cuando mires hacia atrás en tu vida, ¿crees que recordarás las reuniones de trabajo? Probablemente no. Recordarás los momentos que has compartido con la gente que más quieres y por eso es importante estar muy consciente en esos momentos. Como dijo Brian Dyson, ex CEO de Coca Cola, en un discurso en una universidad americana:

> Imagina la vida como un juego de malabares con cinco bolas. Las cinco son: trabajo, familia, amigos, salud y felicidad. Pronto te darás cuenta de que el trabajo es una bola de goma; si la sueltas rebotará y volverá a tu mano. Pero las otras cuatro son bolas de cristal. Si las

sueltas, se dañarán o incluso se destruirán por completo. Nunca volverán a ser las mismas. Así que sé eficiente mientras estés en el trabajo, pero regresa a casa a tiempo. Dedica el tiempo necesario a tu familia, amigos y a ti mismo. Las cosas solo tienen valor si se las valora.[36]

Ten en consideración los beneficios que obtendrás si haces de cada reunión de trabajo y personal una reunión consciente. Estar centrado significa ser más eficiente, y esto significa tener más tiempo libre, lo que se consigue siendo más consciente de las decisiones que tomas. No es necesario que sigas estas sugerencias de forma precisa. Solo es importante que pienses conscientemente acerca de cuál es tu experiencia con las reuniones y decidas actuar de otra forma y veas qué puedes cambiar para mejorar tus resultados y los de los demás. Veremos más sobre el poder de la presencia en la Estrategia N.º 1 de la segunda parte del libro.

Consejos y reflexiones para tener reuniones con mindfulness

- Evalúa el tipo de reuniones que tienes. ¿Qué tan efectivas son? ¿Qué puedes hacer para aprovechar mejor el tiempo en ellas?

- La clave más importante para tener una reunión mindfulness es la de prepararse mentalmente antes de la misma y asegurarse de que todos los participantes estén totalmente presentes y atentos durante la reunión, y terminarla a tiempo para pasar a otras actividades.

- Practicar mindfulness, antes, durante y después de la reunión aumenta tu capacidad de mantener la concentración y ahuyentar las distracciones. ¡Además mejora tu entrenamiento mental!

---

36. http://www.bcbusiness.ca/lifestyle/bryan-dysons-30-second-speech.

Técnica N.º 3

Objetivos

Todos tenemos objetivos

Hay objetivos personales y objetivos profesionales. Hay algunos de los que somos conscientes y los tenemos bien definidos, y otros subconscientes, que guían nuestra conducta sin que nos percatemos de ellos. Cual faros en la costa, los objetivos iluminan nuestro camino aun cuando las olas o las tormentas nos rodean.

Los objetivos y el mindfulness forman una buena sociedad. Es más, es difícil conseguir uno sin el otro. Cuando tienes objetivos claros, es mucho más fácil permanecer centrado. Cuando eres consciente y estás centrado, es mucho más fácil alinear tus acciones con tus objetivos. Cuando te encuentras en el segundo cuadrante de la matriz (véase Figura T3.1) estarás más alineado con tus objetivos. En cualquiera de los otros cuadrantes te constará mucho más mantener claros tus objetivos y alcanzarlos.

Por supuesto que alcanzar tus objetivos no es fácil. Muchos son los obstáculos que suelen interponerse en el camino. Esta técnica, te ofrece soluciones mindfulness para ello, pero antes veamos cómo nuestro subconsciente puede jugarnos en contra al momento de intentar conquistar nuestros objetivos.

Por qué no conseguimos nuestros objetivos

¿Cuántas veces te has hecho propósitos de Año Nuevo, tales como perder peso, ir al gimnasio o comenzar a practicar mindfulness?. Cada uno de enero prometes cambiar tu vida para mejor. Sin embargo, a pesar de tener claro los beneficios, terminas faltando a tu promesa. ¿Por qué? ¿Qué has hecho mal? Para dar una respuesta tenemos que saber cómo funciona nuestro cerebro.

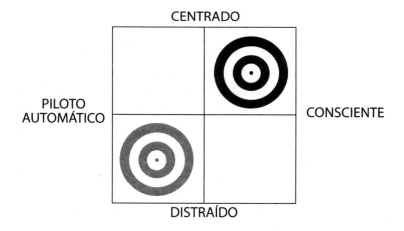

Figura T3.1. La matriz de los objetivos claros.

Nuestra mente opera simultáneamente a nivel consciente y subconsciente. Muchos de nuestros procesos subconscientes tienen su raíz en la parte límbica y reptiliana del cerebro, donde se originan nuestros instintos de supervivencia y nuestras emociones. Nuestros procesos conscientes, como el lenguaje, la solución de problemas o la creatividad se producen en el córtex. Aunque el cerebro puede procesar conscientemente siete bits, o piezas de información, esto no es nada comparado con los 11 millones de bits que puede procesar subconscientemente en el mismo tiempo. Eso significa que suceden muchas más cosas de las que somos conscientes (véase Figura T3.2.). Cuando adoptas un propósito de Año Nuevo, lo haces conscientemente, y aunque pienses que con los siete bits de información consciente debería ser suficiente para modificar tus hábitos y conseguir el objetivo, la realidad es que estás constantemente bombardeado con distracciones que afectan a tu atención. Por tanto, esos grandes propósitos quedan diluidos en un mar de distracciones.

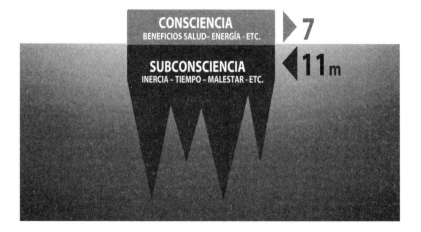

Figura T3.2. Procesamiento consciente vs. Subconsciente.

Además de la competencia por tu atención consciente, el subconsciente puede ser otro obstáculo para lograr tus objetivos ya que te pueden conducir hacia otra dirección.

Por ejemplo, tu consciente sabe que necesitas practicar mindfulness cada día porque te ayudará a calmarte, obtener más claridad y sentirte mejor, pero el subconsciente a menudo tiene otras ideas. Tal vez tengas la creencia profunda de que esto no funcionará para ti. Tal vez tengas miedo de qué pensarán los demás, o tal vez, a pesar de lo que digan, no creas que el mindfulness sea eficaz. Estas dudas, potenciadas por el poder de 11 millones de bits por segundo te llevan en otra dirección a la que te proponías.

Para poder mantener la correcta dirección hacia tus objetivos es necesario trabajar tanto con el consciente como con el subconsciente. Nuestro subconsciente se mueve básicamente por dos motivaciones: tomar todo lo que le gusta y evitar lo que le disgusta. Mientras que el subconsciente casi siempre elige la gratificación a corto plazo, nuestros objetivos suelen ser a largo plazo y posponen la gratificación.

La gran pregunta es: ¿cómo podemos hacer para que nuestro subconsciente nos impida mantener una dirección clara hacia nuestros objetivos?

Mantener los objetivos claros y a la vista

Mientras más mindful eres, más amplia es tu atención consciente. El mindfulness aumenta la capacidad de procesar información y al mismo tiempo te permite estar alerta de lo que sucede en tu subconsciente. El mindfulness te permite alinear mejor tus objetivos conscientes con tus procesos subconscientes, manteniéndolos a la vista y aumentando tus oportunidades de éxito.

Aun así, saber que algo es bueno para nosotros no provoca que lo hagamos necesariamente. En este mundo vertiginoso, nuestra mente suele estar abrumada. Incluso con mucha práctica mindfulness los procesos de nuestro subconsciente pueden oponerse a nuestras decisiones conscientes.

Cuando veas que tus objetivos conscientes se te borran, intenta recuperar la orientación con estos sencillos pasos. Tardarás menos de un minuto.

Orientación de objetivos con mindfulness

- Cuando te descubras comportándote en contra de tus objetivos, haz una pausa (Figura T3.3.), concéntrate en tu respiración y mientras te calmas recupera la claridad mental. Esto despierta tu consciencia.
- Pregúntate: ¿qué historias, creencias o deseos de tener o evitar algo me están alejando de mi camino?
- Sea cual sea la respuesta, desmonta ese proceso estando más presente en la situación.
- Cambia tu comportamiento y continúa con tu vida.

Figura T3.3. Orientación de objetivos con mindfulness.

Además de mantenerte centrado en tus objetivos, la forma en que los estableces puede tener su importancia a la hora de lograrlos. Hay dos técnicas que te pueden ayudar a comunicarte mejor con tu subconsciente: haz que sean concretas y que estén formuladas de forma positiva.

Establecer objetivos con mindfulness

Los objetivos claramente definidos y especificados son más fáciles de entender para tu subconsciente. A pesar de su inmenso poder de procesamiento de información, no es muy organizado. Solo recuerda el último sueño que has tenido: ¿era claro o era una mezcla de cosas? Esta es una muestra de cómo son los procesos en tu subconsciente.

Si estableces un objetivo amplio y simple como «practicar mindfulness a diario» es probable que tu subconsciente no entienda el mensaje. ¿Eso qué significa? ¿Durante cuántos minutos? ¿Dónde?, ¿cuándo?, ¿cómo?. Definir el objetivo de forma específica facilitará las cosas: *Al levantarme cada mañana practicaré mindfulness en el sofá durante 10 minutos, siguiendo las instrucciones del capítulo 2 del libro para entrenar la concentración.* Con esta definición, el mensaje de lo que hay que hacer es mucho más claro.

También ayuda el formular los objetivos en forma positiva, ya que el subconsciente siempre tiende hacia lo placentero y a evitar lo indeseable. Por ejemplo, un objetivo enunciado en forma negativa como: *quiero evitar la multitarea,* puede ser formulado en forma positiva así: *quiero concentrarme en una sola actividad a la vez.* De esta forma buscas hacer algo positivo y el subconsciente te puede ayudar a conseguirlo.

Independientemente de lo bien que lo enuncies, lo importante primero será decidir qué tipos de objetivos son las que quieres perseguir, o cuándo conviene dejarlos de lado.

No te aferres a tus objetivos

Jose, un Director General de una empresa farmacéutica americana, era muy bueno para conseguir llegar a sus objetivos. Trabajó duramente hasta alcanzar un puesto de jerarquía en la organización. Estaba orgulloso de sus logros y disfrutaba de sus beneficios. Me contó todos los sacrificios que realizó durante su vida, cancelando vacaciones y trabajando muchas horas. Tuvo grandes desafíos personales y profesionales, pero siempre se mantuvo inalterable. Tenía un objetivo y lo sostuvo firmemente.

Sin embargo, mirando en retrospectiva, se daba cuenta de que habiapagado un coste irreversible por atender a su objetivo. Debido a tantos años de estrés, su salud se había resentido, sus hijos no eran tan cercanos a él como le hubiese gustado y se había divorciado hacía pocos años. Por lo que se preguntaba si su puesto había merecido tanto sacrificio.

En *Los siete hábitos de la gente altamente eficiente*, Stephen Covey se preguntaba: «¿Cuál es el sentido de subir hasta la cima de una escalera si cuando llegas te das cuenta de que estaba apoyada sobre la pared equivocada?»

Jose había llegado hasta lo alto de la escalera. Tenía una buena carrera, dinero y respeto, pero su concentración en la carrera profesional le había hecho perder de vista otros aspectos de su vida.

Muchos nos aferramos a los objetivos demasiado fuerte. Nos centramos tanto en uno que perdemos perspectiva. Cedemos el control al objetivo. Aprender a dejar de lado un objetivo cuando nos damos cuenta de que no nos aporta la felicidad esperada a largo plazo es una habilidad difícil de conseguir.

Los objetivos importan y a menudo son difíciles de conseguir. Con una mente clara y centrada, establecer y alcanzar objetivos es más fácil, así como dejar de lado aquellos que vemos que son perjudiciales para nuestra felicidad.

Consejos y reflexiones para establecer objetivos claros

- Los objetivos claros nos ayudan a saber qué es lo importante para nosotros, y el mindfulness nos permite estar más atentos y ser conscientes de ellos.

- Los procesos subconscientes pueden obstaculizarnos el camino hacia los objetivos, pero la claridad mental del mindfulness puede contrarrestarlo para mantenernos en el camino.

- La concentración es importante, pero nos ciega. Combinar la atención con la consciencia, como se hace en el cuadrante dos de la matriz de la efectividad mental, te asegura que no te concentres ciegamente en un objetivo.

- Tómate un momento para escribir tus objetivos claves tanto personal como profesionalmente. Hazlos concretos y formulados en forma positiva para aumentar la posibilidad de éxito.

Técnica N.º 4

Prioridades

Sean personales o profesionales todos los objetivos son importantes, sin embargo, no todos son iguales. Para tener éxito debemos saber priorizar aquellos que son más importantes.

Gestionar las prioridades nos permite estar centrados en nuestros principales objetivos y mantener el equilibrio cuando varios objetivos entran en conflicto. El mindfulness nos puede ayudar a aclarar una mente abrumada y enfocarnos en unas pocas cosas. Con mayor consciencia, podemos estar seguros de dirigir nuestra atención a los objetivos correctos, aquellos que nos ayudarán a tener éxito.

En gestión, es conocido el principio 80/20, también llamado principio de Pareto, que indica que dedicamos el 80% de nuestro tiempo a lo que nos genera solo un 20% de los ingresos. Eso significa que pasamos mucho tiempo centrados en actividades que no nos rinden demasiado.

Idealmente, deberíamos concentrarnos en las actividades que nos generan el otro 80%. Reflexiona sobre qué actividades laborales te consumen el 80% de tu tiempo, y luego piensa en cuáles son las que generan el 80% de tus beneficios.

Cuando estamos centrados y conscientes, nos dedicamos a las actividades que generan mayores beneficios con menor esfuerzo (véase Figura T4.1.).

Figura T4.1 La matriz y el principio 80/20.

Cuando estamos distraídos o en piloto automático es fácil caer y hacer cosas que nos consumen mucho tiempo pero que aportan escasos resultados.

Esta técnica examina las distintas formas por las cuales el mindfulness puede ayudar a gestionar las prioridades. Presenta el fenómeno de la «adicción a la acción», que es la raíz de una mala priorización, y describe formas de evitarla. También veremos cómo hacer las cosas tranquilamente puede ser una manera de ganar velocidad.

Prioridades claras o hacer girar la rueda

Un extenso estudio realizado por el Instituto Franklin Covey sobre priorización, analizó las actividades laborales de 350. 000 personas. Descubrieron que el 41% del tiempo lo dedicaban a actividades de baja prioridad en lugar de a otras más importantes.[37]

---

37. K. Kogon, A. Merrill, y L. Rinne (2015), *The 5 Choices: The Path to Extraordinary Productivity*, (New York: Simon & Schuster).

Y no era una anomalía.

En 2012, profesores de la London School of Economics, observaron a ejecutivos de empresas como Sony, LG y Lufthansa para analizar la forma en la que priorizaban sus tareas. Según el artículo de la *Harvard Business Review* «Atención con los directivos ocupados»[38], concluyeron que: «Muy pocos directivos usaban eficientemente el tiempo. Piensan que están solucionando temas indispensables, pero simplemente están haciendo girar la rueda».

Sucede que estar ocupado no tiene relación con ser eficiente.

Cuando compartimos este estudio con una empresa japonesa tecnológica y de consumo, se vieron identificados inmediatamente. Uno de sus líderes explicó: «Entiendo que si evito el ruido puedo ganar mayor claridad y calma mental y ser más eficiente, pero no es tan fácil. A menudo me veo tan abrumado de información y distracciones que me pongo directamente a hacer aquello que primero se me cruza. Es como un impulso difícil de controlar».

¿Te suena familiar?

Hay muchas razones por las cuales la gente tiene problemas para mantenerse concentrada en las tareas más importantes. Cuando una mente está bajo presión, abrumada por distracciones e información, es difícil mantener la atención y la claridad y menos priorizar tareas. Con una mente asediada, es casi imposible mantenerse centrado en las actividades que tenemos por delante.

Sucumbir a la acción ante la presión es algo muy común. Tendemos a perder mucho tiempo porque cedemos a nuestros impulsos y no tenemos ese segundo de ventaja necesario para

---

38. H. Bruch y S. Ghoshal (2002), «Beware the Busy Manager», *Harvard BusinessReview*, febrero.

pensar acerca de las consecuencias que puede tener el realizar determinada actividad que «aparenta» ser urgente. En cierta forma somos adictos a la acción. Tenemos la necesidad de hacer algo, contestar un email, responder a una pregunta o abordar un nuevo problema, sin tener en cuenta si es lo que más nos conviene para conseguir nuestros objetivos principales.

Adicción a la acción

Esta propensión a actuar siempre es contraria a la efectividad mental y a la productividad. La raíz de esta adicción es la falta de entrenamiento mental, por ello la única forma de evitarla es una mente bien entrenada. En esta sección veremos las formas de evitarla. Comencemos por imaginar la típica mañana de un ejecutivo, al que llamaremos Jim, que vive en la realidad PAID. A las 8.30 llega a la oficina. Después de una buena noche de descanso tiene claro cuáles son sus tareas prioritarias para el día (el 20% de las tareas que rinden un 80%).

Camino a su despacho se cruza con muchos colegas, uno de ellos lo detiene para pedirle opinión sobre un asunto urgente. Aun cuando no se trata de un asunto de la competencia específica de Jim, este se para para intentar ayudarle, y se toma un tiempo para darle su consejo.

El colega le agradece su ayuda y le dice: «¡Jim, eres un genio!»

Jim recibe así una pequeña dosis de dopamina. La gratificación instantánea de finalizar algo, *cualquier cosa*, modifica momentáneamente las prioridades de Jim.

Una vez en su escritorio, abre el correo y comprueba que hay una serie de asuntos que requieren de su inmediata atención y contestación. Jim sabe que estas tareas pertenecen al 80% de su tiempo y que suponen el 20% de sus ingresos.

Sin embargo, se ve urgido a realizarlas aún en contra de su plan de prioridades. El impulso de reaccionar de inmediato se opone a su bien pensada gestión del tiempo prevista. Comienza a contestar emails y recibe una inyección de dopamina cada vez que envía uno. Debido a su mente poco entrenada, la adicción a la acción consume el día de Jim y modifica sus prioridades. Si la historia de Jim te suena familiar, no estás solo.

Cuando estamos bajo presión, nuestro cerebro secuestra algunas de nuestras funciones cognitivas y nos pone en modo supervivencia. Como resultado, buscamos la gratificación instantánea, es decir, las cosas que podemos terminar de hacer en este mismo momento. Nos hemos vuelto adictos a la acción, como se explica en la Figura T4.2.

Figura T4.2. Los síntomas, causas y consecuencias de la adicción a la acción.

Cuando somos adictos a la acción no hacemos las cosas porque sean importantes, sino porque deseamos sentirnos importantes. Las tareas están frente a nosotros y queremos ser útiles y productivos. El problema es que no nos paramos a reflexionar si es una buena utilización de nuestro tiempo y si se alinea con nuestros objetivos, por ello terminamos perdiendo el tiempo en tareas inmediatas, que no son necesariamente importantes.

La adicción a la acción es una de nuestras principales amenazas a la efectividad mental y a la productividad. Para medir tu propio nivel de adicción a la acción, contesta a este breve formulario:

Evalúa tu adicción a la acción

- Cuando llegues a la oficina, al sentarte en el escritorio mira la pantalla apagada del ordenador.
- No hagas nada, no hables, no soluciones nada. Solo quédate quieto durante tres minutos.
- Si te inquieta la inactividad, probablemente estés experimentando algún grado de adicción a la acción.

La adicción a la acción elimina la capacidad de mantener las prioridades claras y de trabajar en los objetivos más importantes. Pero no te preocupes, hay técnicas con mindfulness que te ayudarán a evitarla.

Cómo evitar la adicción a la acción

A pesar de que esta adicción surge de los actuales y vertiginosos entornos laborales, no tiene por qué ser un impedimento, ya que puede ser contrarrestada con una buena práctica mindfulness, así como siendo consciente de cuando hay conflictos de prioridades.

La serotonina, un neurotransmisor producido por el cerebro durante las sesiones mindfulness ayuda a equilibrar la inyección de dopamina que genera la adicción a la acción. Hablaremos en profundidad acerca de la relación entre dopamina y serotonina en la estrategia mental *Equilibrio* de la segunda parte del libro. Además, con los ejercicios que se recomiendan en la tercera parte, se puede ser físicamente menos adicto a determinadas conductas. Ganaremos más fuerza y libertad mental en todo lo que hagamos, especialmente en el trabajo.

A pesar de ello, habrá momentos en los cuales el conflicto de prioridades puede ponerte en un compromiso entre las distintas demandas y tu limitado tiempo.

Puntos de elección – Cuando hay conflicto de prioridades

Los conflictos de prioridades suelen ser la causa de la adicción a la acción. Ante varias prioridades, llegas a un punto en que tienes que elegir cómo gestionar las múltiples tareas y urgencias.

A menudo, cuando llegamos a un punto de elección, nos lanzamos a actuar pero, como ya sabes, no todas las acciones se alinean con tus objetivos principales. Afortunadamente, hay una forma simple de entrenar tu mente para evitar la adicción a la acción cuando te encuentres con un punto de elección (véase Figura T4.3).

Figura T4.3. Resolver con mindfulness los conflictos de prioridades.

En cuanto ves un conflicto de prioridades, haz una pausa y respira antes de actuar. Toma consciencia del conflicto, recuerda tus prioridades, y luego responde con una decisión que se ajuste a tus objetivos principales. Si crees que la tarea que se te cruza en el camino es más prioritaria, entonces utiliza la segunda regla de la efectividad mental (escoger tus distracciones conscientemente), y dedica toda tu atención a esa tarea.

Si crees que la nueva tarea no es más prioritaria, simplemente di «no» y utiliza la primera regla (concentrarte en lo que eliges). La mayoría de las veces este «no» es parte de un proceso interno y no dirigido a un colega o jefe. Con el aumento incesante de información y complejidad, un «no» consciente es cada vez más necesario.

Aunque pueda parecer muy simple, tomar un respiro para recordar tus prioridades puede ser muy difícil. Cuando tienes muchas cosas que hacer, detenerte a respirar puede traerte más ansiedad, pero con la práctica te acostumbrarás a ese proceso. Puedes conseguir un segundo de ventaja sobre tus impulsos. Una simple respiración, repetida varias veces, puede marcar la diferencia entre una adicción a la acción y una mente bien entrenada.

Acelera frenando

¿Cómo puede ser que frenar te ayude a acelerar? Piensa en el animal más rápido del planeta, el guepardo. Ha sido filmado corriendo a 120 km, por hora, pero si tuviera que correr a esa velocidad todo el día, estaría muerto enseguida. Para el felino, la cacería comienza muy lentamente. Al principio, elige una presa y se va acercando despacio, mientras prepara sus músculos y su mente mantiene fijo su objetivo. Esta fase de calma es la que le permite al guepardo desarrollar toda su fuerza y velocidad una vez que está a la distancia adecuada de su presa.

Respirar hondo cuando tienes un conflicto de prioridades es hacer lo mismo que el guepardo. Gracias a la pausa puedes concentrarte y tomar consciencia, y eso te permite responder a las situaciones con mayor claridad y concentrarte en tus prioridades y objetivos, en lugar de reaccionar automáticamente.

Consejos y reflexiones para gestionar con mindfulness las prioridades

- Las prioridades clara te ayudan enfocarte en lo correcto y te permiten estar más plenamente presente en lo que hagas.
- El mindfulness te ayuda a evitar la adicción a la acción y te permite actuar según tus prioridades.
- Tómate un momento para reflexionar sobre las tareas poco importantes que realizas y tu adicción a la acción.
- ¿Hay una cosa que puedas hacer mañana para disminuir esa adicción?

Técnica N.º 5

Planificación

L o sepamos o no, planificamos constantemente. Hacemos planes intencionada o involuntariamente. Estamos sobrecargados de información y nuestra mente automáticamente planifica y planifica. Nos vemos absortos en la adicción a la acción y continuamos girando la rueda en lugar de realmente planificar.

La verdadera planificación consiste en evitar la adicción a la acción, cultivar la efectividad mental y ejecutar tus prioridades. Requiere frenar para poder acelerar. Es una inversión de tiempo que ofrece grandes resultados al final, y veremos como el mindfulness nos puede ayudar a planificar.

La planificación consciente se hace en el presente

Elaine, una ejecutiva de Recursos Humanos de un gran banco norteamericano explicó el desafío de planificar diciendo: «Recuerdo ser una persona muy calmada de joven, dormía bien y podía leer un libro durante horas sin distraerme. Ahora siento que mi mente está siempre ocupada. A menudo me levanto de noche para planificar el día siguiente. Al querer leer un libro, difícilmente acabo una página porque estoy planificando lo que voy a hacer luego, e incluso cuando quiero planificar algo me cuesta mucho porque mi mente está ocupada con muchas otras cosas».

Todos hemos pasado por eso y nos hemos visto saturados por la responsabilidad e incapaces de hacer todo lo que queríamos. Con ese ritmo, la mente se encuentra siempre diez pasos adelante y planificando automáticamente todo el tiempo. Al igual que Elaine, nuestra mente quiere planificar aun cuando dormimos. En lugar de concentrarnos en una conversación importante, nuestra mente piensa en lo que comeremos luego. Planifica durante las reuniones al enviar emails y contestar mensajes, y también cuando intentamos relajarnos en casa.

Es como si fuésemos maestros planificadores, aunque hayamos perdido el plan maestro. Cuando estamos bajo presión creemos que necesitamos planificar para sobrevivir. El hecho es que podemos sobrevivir sin planificar constantemente. De hecho, podemos vivir mejor y ser más eficientes si en lugar de planificar automáticamente lo hacemos en forma mindfulness y concentrándonos en lo que es más importante.

La planificación con mindfulness se basa en las experiencias del pasado y se dirige al futuro (véase Figura T5.1) pero siempre se realiza en el presente, por lo que es importante decidir *cuándo* planificar en lugar de hacerlo automáticamente.

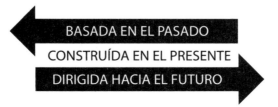

BASADA EN EL PASADO
CONSTRUÍDA EN EL PRESENTE
DIRIGIDA HACIA EL FUTURO

Figura T5.1. Planificación mindfulness.

Una clara planificación te ayudará a llevar una vida más plena y el mindfulness te ayuda a organizarte mejor. Mindfulness y planificación son complementarios y entre ambos te ayudan a mantenerte en el cuadrante dos de la matriz de la efectividad mental, como se ve en la Figura T5.2.

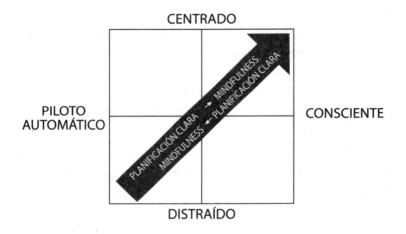

Figura T5.2. La matriz y la planificación.

Si bien todo esto tiene sentido en la teoría, el problema es la ejecución. La planificación automática y sin atención es fruto de una mente no entrenada, una mente que involuntariamente deambula del pasado al futuro sin pasar por el presente. Para planificar con claridad, estar presente es un requisito imprescindible.

Estar presente no requiere de un cambio en la forma en que vives o en lo que haces, sino que es un cambio en cómo prestas atención. Estar presente es una decisión consciente.

Dedica un tiempo a la planificación

Hay un antiguo dicho que dice: «Lo malo es que el tiempo vuela, lo bueno es que tú eres el piloto».

El tiempo vuela especialmente cuando estamos ocupados y saturados de información. Planificar a diario con claridad puede ayudarnos a ser mejores pilotos. También nos hará más conscientes.

El tiempo vuela especialmente cuando sentimos que no tenemos el control, y no lo tenemos cuando somos adictos a la acción. Ninguna adicción te deja pensar con claridad o actuar racionalmente. Nos vemos dirigidos por una fuerza más fuerte que nuestra voluntad. No elegimos actuar, sino que nos vemos urgidos a hacerlo.

Esta necesidad surge primero cuando vamos a trabajar y dejamos que nos dirija directamente a la acción. Al actuar obtenemos una dosis de dopamina y la sensación de haber hecho algo valioso.

Uno se siente bien.

Lo malo es que no nos deja tener una visión más amplia y nuestros objetivos y prioridades terminan siendo esclavos de nuestras acciones. Nos encontramos en un punto de elección como se ve en la Figura T5.3.

Figura T5.3. El punto de elección.

A menudo, en lugar de avanzar deliberadamente, nos atascamos: trabajamos, actuamos, intentamos, pero no progresamos. La mañana es el punto de elección más importante del día, puesto que establece el tono para el resto del día. Es básico comenzar la jornada con una buena planificación.

Planificar el día

Cuando te tomas tiempo para planificar el día tienes la tranquilidad de saber que has reservado tiempo para las principales prioridades. Debes procurar mantener el control y no dejarte distraer. Es una pequeña inversión con un gran retorno. Así es como tienes que planificar tu día de manera clara y consciente.

Planificación diaria

Cuando llegues al trabajo, reserva los primeros diez minutos para hacer lo siguiente:

- Dos minutos de práctica mindfulness ABCD como se explica en el capítulo 2 para concentrarte y evitar la acción adictiva.
- Haz una breve lista de las actividades más importantes o repasa la lista que hiciste el día anterior.
- Planifica tu agenda de acuerdo a las prioridades.
- Ponte a trabajar.
- Revisa el plan una o dos veces durante el día, para comprobar su cumplimiento.

Figura T5.4. Planificación consciente diaria.

Al principio, una sesión diaria de planificación consciente puede parecer que te está frenando, pero como ya vimos esto puede ser una forma de preparar la aceleración. Comenzar el día con atención y claridad te permite trabajar más eficientemente que seguir cada distracción que aparece (véase Figura T5.4). Al trabajar con mayor eficacia te sorprenderás del tiempo que ahorras.

Poner esfuerzo en planificar evita que tus compañeros y otras distracciones secuestren tu tiempo.

La planificación consciente va más allá de la agenda diaria, si planificas semanal y mensualmente podrás tener una visión más amplia de lo que tienes que hacer y agendar las tareas más eficientemente.

Principios de la planificación consciente

Si bien hay algunos principios generales sobre cómo planificar, esto dependerá del tipo de tareas que realices y cuál sea tu estilo y cultura organizacional. Antes que nada recuerda el principio 80/20 explicado en *Prioridades*.

Teniendo esto en mente reserva tiempo primero, para las actividades más rentables y que requieren menos esfuerzo. Calcula realísticamente cuánto tiempo te puede llevar realizarlas, dejando tiempo para atender las cosas urgentes que seguro aparecerán. Qué cantidad de tiempo dejes para esto dependerá de cuál sea tu tarea. Dejar un espacio reservado para ello te permitirá no presionarte innecesariamente.

Además, ten en cuenta el tiempo que necesitarás para recargar tus baterías, sea con pequeños descansos, breves caminatas o practicando mindfulness durante diez minutos. También hay que prever momentos de transición como atender conversaciones y seguimientos después de una reunión o trayectos. Veamos un sumario.

La agenda laboral consciente

Los principios para gestionar tu agenda incluyen:
- Tiempo para las actividades de más alta prioridad.
- Tiempo para prepararse.
- Determinar tiempo para atender cosas urgentes.
- Tiempo para recargar baterías.
- Tiempo para comer.
- Tiempo para trayectos, seguimiento de reuniones y conversaciones.

Al igual que puede ayudarte en tu ambiente laboral, también lo hará en tu vida personal. Planifica dedicar un tiempo de calidad a la relación con tu pareja, hijos y amigos. Piensa en las actividades que tienes que realizar para sentirte feliz y saludable.

Personalmente, voy a un retiro de mindfulness al menos una vez al año porque sé que eso me permite ayudar a otros a realizar todo su potencial. Si no te tomas tiempo para reflexionar y decidir tus actividades, vivirás en piloto automático. Te sentirás fuera de control y los mejores momentos se te escaparán. Con una buena planificación podrás aprovechar tanto tu vida personal como profesional. Aprovecharás cada momento, lo que es bueno, porque no lo volverás a tener.

Consejos y reflexiones sobre la planificación consciente

- La planificación consciente se basa en el pasado, destinada al futuro, pero se realiza en el presente.
- Considera formas en las que podrías estar más mindful —centrado y consciente— en relación a como planificas tu tiempo.
- La planificación es un gran antídoto contra la adicción a la acción.
- Reflexiona sobre la forma en la que te organizas. ¿Reconoces una tendencia a planificar automáticamente y pensar en cosas que no son relevantes aquí y ahora?

Técnica N.º 6

Comunicación

Hay una gran cita adjudicada a Alan Greenspan, ex presidente de la Reserva Federal de Estados Unidos, que dice: «Sé que piensas que entiendes lo que pensaste que dije, pero no estoy seguro de que te des cuenta de que lo que has oído no es lo que quería decir»[39].

¿Entendiste?

Enviar un mensaje no es lo mismo que comunicar. Para que exista una comunicación eficiente, el receptor debe entender lo que quiso decir el emisor, y no solo escuchar o leer palabras.

La comunicación efectiva puede ser difícil, pero no tiene por qué serlo. Con una mente calmada y clara y buenas intenciones por ambas partes, es relativamente fácil hacer que hasta los mensajes más difíciles sean bien entendidos.

La base de la comunicación eficiente es, al igual que en otros aspectos de la vida, estar realmente presente mientras interactúas con otras personas. Solo así se podrá aprovechar mejor el contacto, y entender qué es lo que se está queriendo comunicar. Con esta técnica veremos cuáles son las barreras de la comunicación y qué pequeños pasos podemos dar para atravesarlas. Pero antes veamos la importancia de la empatía y la percepción externa en la comunicación efectiva.

---

39. https://en.wikiquote.org/wiki/Alan_Greenspan.

Empatía y consciencia externa

La empatía —estar en sintonía con los sentimientos del otro— tiene una importancia mayor en la comunicación. Si tienes una idea de cómo se puede sentir la otra persona, es fácil estar en sintonía. La empatía se basa fundamentalmente en la consciencia externa, una de las cosas que se consigue con el mindfulness. Esto incluye la habilidad de sentir y leer los estados mentales de otras personas, mientras eres consciente de cómo puedes influir o ayudarlos. En el capítulo tercero veremos cómo se puede mejorar esta consciencia externa.

Desde una perspectiva neurológica, dos barreras suelen interponerse en la comunicación. La primera, la tendencia de la mente a divagar, como vimos en el capítulo 1.

La segunda es la tendencia de la mente a ver las cosas como espera verlas, conocida como percepción habitual. Se habla sobre eso con más profundidad en la estrategia 4 del libro pero digamos brevemente que la percepción habitual, o rigidez cognitiva como también se la conoce, es el deseo natural de la mente a ubicar la realidad en categorías simples preexistentes. Eso hace que creamos en nuestras limitadas proyecciones sobre otras personas, nosotros mismos y todo lo que encontramos. Somos rígidos cognitivamente cuando limitamos nuestras percepciones. Tanto la rigidez como la tendencia a divagar afectan a nuestra habilidad para comunicarnos.

¿Me estás escuchando?

Cuando volví de trabajar un día, uno de mis hijos me estaba esperando y claramente demandaba mi atención. Estaba enfadado por algo que había sucedido en el colegio y quería hablar conmigo de ello. Así que nos sentamos y le dije que me lo contara.

Mientras él hablaba, mi mente comenzó a divagar sobre la reunión que había tenido, lo emails que se apilaban en mi bandeja, un informe que tenía que leer y la comida que había que preparar. Puesto que es un chico listo y empático no tardó en darse cuenta de que no le estaba prestando toda mi atención y dijo: «Papá, no estás escuchando».

Mi reacción automática fue: «Sí, sí te estoy escuchando, ¿acaso no estoy aquí frente a ti?» En ese momento me di cuenta de que había presupuesto que me iba a contar los mismos temas de siempre y que no había nada especialmente nuevo.

Fue un claro caso de mala comunicación. La verdad es que no le estaba prestando atención. Mi mente divagaba y mi percepción habitual bloqueaba que lo escuchara y lo peor es que cuando reclamó mi atención, respondí automáticamente. Con una mente más clara y abierta hubiera tenido un segundo de ventaja antes de responder y hubiera visto a un chico enfadado que simplemente necesitaba toda la atención de su padre.

Todos tenemos mentes que divagan y a todos nos afectan nuestras percepciones habituales. A todos nos ha pasado creer que sabíamos lo que alguien iba a decir antes de que lo dijese, pero esas presunciones pueden cortar la comunicación aun antes de que comience. Tal vez nos perdamos de escuchar algo distinto y valioso.

La comunicación con mindfulness se basa en evitar divagar y evitar las percepciones habituales, por eso es una gran forma de entrenarte para estar más presente y abierto en general.

En la matriz de la efectividad mental (Figura T6.1) la comunicación eficiente sucede en la intersección de la concentración y la consciencia. En el cuadrante dos tenemos suficiente atención como para dominar las divagaciones y estamos lo bastante conscientes como para superar nuestra rigidez cognitiva o percepción habitual. En este estado, los ingredientes claves de la comunicación: atención, empatía y entendimiento, están todos presentes.

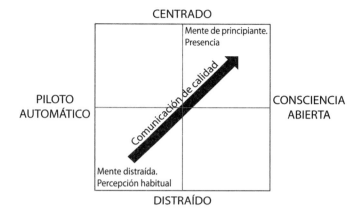

Figura T6.1. Cuando se da una comunicación consciente.

También es importante en la comunicación tener en cuenta que hay dos partes igualmente importantes: escuchar y hablar.

Los dos aspectos de la comunicación eficiente

Si alguien habla y nadie escucha, no hay comunicación, es tan simple como eso. Las siguientes son unas guías para mejorar la comunicación en sus dos aspectos: mientras hablas y mientras escuchas.

Escuchar con mindfulness

Para decirlo simplemente: escuchar con mindfulness significa prestarle toda tu atención al que habla. Hay cuatro pautas para escuchar centrado: Silencio, Tune in (Sintonizado), Open (Abierto) y Presente.

S T O P

Silent   Tuned in   Open   Present
(silencio) (sintonizado) (abierto) (presente)

Figura T6.2 Escuchar con mindfulness.

La escucha STOP

- Mantenerse en silencio, eso quiere decir no hables. Silencia tanto tu voz exterior como la interior. Escuchar a la otra persona requiere toda tu atención.
- Sintonizar (Tune in), crea una conexión entre tu lenguaje corporal y tus intenciones. Utiliza gestos para indicar que estás presente, una simple sonrisa puede conseguirlo.
- Estar presente, totalmente presente mientras interactúes con esa persona. Utiliza a la otra persona como un ancla de tu atención. De esta forma no solo estarás mostrándole que estás presente, sino que también estarás entrenando tu mente a prestar atención.

Hablar con mindfulness

Hay formas de aplicar el mindfulness también cuando hablas y hay tres claves para ello: Apropiado, Considerado y Temporal.

A   C   T

Apropiado   Considerado   Temporal

Figura T6.3 Hablar con mindfulness.

> ### *Hablar con ACT*
>
> - Apropiado significa utilizar las palabras adecuadas para la persona y el momento determinado. Asegúrate de que lo que digas es útil para la otra persona en ese momento. Como diría Pitágoras, mantente callado o di algo que valga más que el silencio.
> - Considerado significa decir algo para contribuir al bienestar de la otra persona. Queremos ser útiles a los demás. Pero ser considerado no quiere decir permanecer callado cuando el otro se equivoca. De hecho, hacer una buena crítica constructiva puede ayudar a los otros desarrollarse y crecer.
> - Temporal significa que digas lo que tengas que decir y no más. NO des vueltas sobre un mismo tema, pero tampoco te quedes corto y dejes sin terminar bien la idea que querías transmitir. Di lo que haga falta y luego cállate.

Esencialmente, la comunicación con mindfulness busca conseguir lo máximo de cada interacción para contribuir a los objetivos comunes, tener relaciones más fructíferas y mejorar el bienestar de los demás.

Inténtalo tú mismo.

Cada vez que te comuniques, escucha con STOP y habla con ACT y pregúntate siempre: «¿Cómo puedo ser de mayor utilidad para esta persona en este momento?»

En el caso de una consultora global, el equipo de liderazgo australiano introdujo un programa de mindfulness para toda la oficina con el objetivo de mejorar el trabajo en equipo, la colaboración y especialmente la comunicación.

Algunos eran escépticos al principio, pero a las pocas semanas comenzaron a notar pequeños cambios acerca de cómo interactuaban entre ellos. La gente estaba más calmada, y concentrada y era más considerada, resultaba fácil trabajar entre ellos.

Cuando le preguntamos qué herramienta fue más útil, Dominic, el Director General dijo que la gente comenzó a llevar carteles donde ponían STOP y ACT ha las reuniones, lo que les ayudaba a recordar cómo interactuar en forma mindfulness. «Esos carteles fueron un punto de inflexión ya que ayudaron al equipo a romper con algunos moldes que hacían la comunicación ineficiente y que nos permitía trabajar juntos mucho mejor».

La comunicación es fundamental para el éxito de una organización. Gran parte de nuestro éxito depende de lo bien podamos relacionarnos con nuestros compañeros, clientes, y proveedores. Necesitamos escucharlos, entenderlos, guiarlos y tener una influencia sobre ellos. Utilizar el mindfulness en todas las interacciones con otras personas es una forma de comunicarnos mucho mejor.

Consejos y reflexiones sobre la comunicación mindfulness

- Hay dos barreras fundamentales a la comunicación efectiva: la percepción habitual y la divagación mental. Aprende a reconocer cuando una o ambas están afectando tu comunicación.
- Para mejorar tu habilidad para escuchar utiliza el STOP: Silencio, Tune in (Sintonizado), Open (Abierto) y Presente.
- Para mejorar tu habilidad al hablar, que el mensaje sea ACT Apropiado, Considerado y Temporal.
- Escoge una conversación que tengas que tener en los próximos días y prueba a utilizar STOP y ACT. Evalúa la diferencia que provoca.

Técnica N.º 7

Creatividad

Esta técnica explora la relación entre el mindfulness y la creatividad, incluida la fórmula para mejorar el pensamiento crítico. Sin ideas creativas e innovadoras las posibilidades de que una organización tenga éxito en el largo plazo son pocas. Pero ser creativo es cada vez más y más difícil.

El investigador Kyung Hee Kim del *College of William & Mary* analizó 300.000 evaluaciones de creatividad tanto en niños como en adultos durante los últimos 50 años. Lo que descubrió Kim es que la creatividad alcanzó su punto máximo en 1990 y luego comenzó a declinar constantemente.[40]

Hay muchas teorías acerca de cuál puede ser la causa, pero no hay una razón evidente para ello. Sea cual sea, lo importante es cómo hacer para aumentar nuestra capacidad de pensar creativamente y así poder atender las demandas a las que nos enfrentamos en el mercado actual.

Antes de ver la relación entre creatividad y mindfulness y dar la fórmula para mejorar el pensamiento creativo, veamos algunas de las barreras de la creatividad.

---

40. K. H. Kim (2011), «The Creativity Crisis: The Decrease in Creative Thinking Scores on the Torrance Tests of Creative Thinking», *Creativity Research Journal*, Vol. 23, N.º 4: 285-295.

¿Qué nos impide el pensamiento creativo?

David Ogilvy, fundador de la agencia de publicidad Ogilvy & Mather, solía decir: «*Sell or else*».

Es decir: vende si no a otra cosa. Eso le sirvió tanto para vender utensilios de cocina como para dirigir su multinacional. Pero las demandas de mantener un negocio viable junto con la necesidad de rendir creativamente resultaba en una eterna *Trampa* 22. A menudo, negocios y creatividad no se llevan bien.

MaryAnn, la Directora General en Europa de una empresa americana de publicidad, introdujo el mindfulness en su organización con la intención de aumentar tanto la creatividad como la rentabilidad. Al igual que en la mayoría de empresas de este sector, imperaba la cultura del ahora. Los clientes siempre demandan mucha creatividad y en el momento. La presión de ser creativo, especialmente a cortísimo plazo, es muy dura.

Mary Ann sabía que su equipo necesitaba mejorar la productividad y realizar los proyectos en el menor tiempo posible, pero también sabía que necesitaba dejarles el espacio mental necesario para poder pensar fuera de la caja.

Todo el equipo se apuntó en el programa mindfulness. Durante seis meses practicaron juntos, cambiando de poco a poco la forma en la que trabajaban individual y colectivamente. Uno de los principales aprendizajes fue darse cuenta de que la creatividad necesitaba de toda su atención. En otras palabras, si tu mente divaga es imposible ser creativo.

Por ello, el equipo creó una serie de normas internas para especificar cuándo un miembro del equipo podía ser interrumpido y cuándo necesitaba espacio para enfocar su mente. En el transcurso de unos meses, el entorno laboral cambió. Lo que antes era frenético, ahora era calmado. La gente estaba más tranquila, era más eficiente y tenía espacio para ser más creativa.

Específicamente, utilizaron el mindfulness en la creación de campañas de publicidad. Antes, las reuniones podían ser muy acaloradas, puesto que la gente discutía apasionadamente para defender sus ideas.

A las pocas semanas de comenzar el programa, decidieron hacer unas pausas durante estas reuniones para darle a la gente la oportunidad de relajarse y dejar de lado su aferramiento a determinadas ideas. Descubrieron que estas mini sesiones de mindfulness durante las reuniones brindaban resultados mucho más positivos y se creaban más ideas novedosas.

Uno de los desafíos para ser creativos en este mundo vertiginoso, no es que no tengamos tiempo de pensar. Algunos piensan incluso demasiado.

El problema suele ser que ciertas personas no pueden parar de pensar. No consiguen dejar de lado los pensamientos y distracciones y, por lo tanto, no tienen apertura mental para nuevas ideas creativas. En un mundo siempre conectado es difícil desconectarse.

Nuestra tendencia a pensar acerca de los temas de la forma habitual es una de las barreras de la creatividad. A menudo elegimos soluciones que nos resultan familiares o que han dado resultado en el pasado. Esta familiaridad hace que sea difícil romper nuestros patrones mentales y pensar con libertad. Exploraremos en detalle este tema en la estrategia 4 del libro. Basta saber por ahora que nuestra tendencia natural ante un problema es a repetir lo ya hecho. Y luego rumiar un poco más mientras seguimos haciendo girar la rueda sin generar nuevas ideas.

Para cortar esta tendencia natural necesitamos simplemente parar.

Durante un segundo.

Lo suficiente para dejar que nuestras sinapsis conecten y dejen que nuestro cerebro límbico o subconsciente actúe. La creatividad proviene de ideas que están fuera de nuestra consciencia.

Activar el subconsciente

Pablo Picasso tenía un don para ver los objetos de una forma distinta. Pero esa habilidad no era algo que daba por hecho. Para él, la creatividad y nuevas formas de pensar eran cualidades a fortalecer conscientemente a través de acciones simples. Tenía un procedimiento específico para generar creatividad. Comenzaba por investigar ampliamente el tema sobre el que quería trabajar sin forzar a que ninguna información se alineara con sus pensamientos previos. Después de un largo período de investigación y estudio, dejaba los libros y se daba un buen baño.

Sí, un baño.

Al bañarse, Picasso podía activar el poder de su subconsciente. Al dejar de lado el pensamiento consciente, permitía aflorar una gran fuente de ideas potenciales. Creaba una conexión abierta entre su subconsciente y su consciente.

Para imitar a Picasso y conectar con tu subconsciente sigue estos cuatro pasos: 1) formula el problema, 2) suelta el problema, 3) deja que pase un tiempo y 4) actívate.

Paso 1: Formula el problema

El subconsciente no opera lógica o racionalmente, si quieres su ayuda tienes que presentarle un problema simple y claro. Tómate un momento para pensar qué es lo más importante del problema que quieres resolver y cuál sería el resultado ideal. Luego escribe una pregunta que manifieste tu necesidad, por ejemplo: ¿cuál es la mejor estructura para este informe?, ¿quién es la persona que me puede ayudar con esto? o ¿cuál es la razón principal para este conflicto? Una vez que lo tienes bien definido, olvídate del mismo.

Paso 2: Suelta el problema

Es crucial olvidarse del asunto y del deseo de una solución. Si no sueltas el problema, si sigues pensando en ello, tu mente consciente bloqueará a la subconsciente, y eso te mantendrá rumiando y alejándote de la posibilidad de encontrar una solución. En lugar de ello. Dobla el trozo de papel con la pregunta y guárdalo en algún lugar donde no lo veas pero que sepas que está, ya que lo necesitarás más tarde. Eso le dará a tu consciente paz mental para soltar el problema.

Paso 3: Deja un tiempo

El tiempo está ahora de tu lado, has echado el anzuelo dentro de tu subconsciente y ya puedes dedicarte a otra cosa. Algunas actividades pueden mejorar el proceso. Para Picasso era tomar un baño para olvidarse del tema. Para ti puede ser cualquier otra actividad. Lo que es importante es que esa actividad te ayude a dirigir tu atención a otro lado. Hay cuatro actividades que han demostrado ser eficientes para esto y son: practicar mindfulness, hacer una breve siesta, actividad física y dormir.

Practicar mindfulness. Cada vez más investigaciones establecen una relación entre practicar mindfulness y la creatividad.[41] Dejar conscientemente de lado las distracciones facilita una fuerte conexión con el subconsciente. Si has comenzado a practicar un programa sistemático de mindfulness, ya habrás experimentado momentos de alta creatividad. Si no lo has probado, en la tercera parte del libro hay guías para comenzar a practicar.

Breves siestas. Las siestas de entre 3 y 10 minutos después de guardar el papel con la pregunta han demostrado ser muy eficientes. Al despertarte comprueba que te has olvidado del problema, si no, duerme un poco más o realiza otra actividad.

Actividad física. Cuando estás haciendo una actividad física es fácil dejar de lado los problemas y entrar en modo vivir la experiencia. Camina, corre, sal en bicicleta. Juegos como el ping pong o el fútbol también pueden ayudar. Lo importante es que la actividad te haga olvidar el problema.

Dormir. La última actividad es dormir. Es obvio que cuando dormimos nuestro consciente no puede obstaculizar el proceso. Hay infinidad de ejemplos de fantásticas ideas que surgen en medio del sueño. Deja al lado de tu cama el papel con la pregunta. En cuanto te despiertes, actívate.

Paso 4: Actívate

Has definido el problema, lo has soltado y le has dado tiempo. El último paso es hacer que el subconsciente se comuni-

---

41. V. Capurso, F. Fabbro, y C. Crescentini (2013), «Mindful Creativity: The Influence of Mindfulness Meditation on Creative Thinking», *Frontiers in Psychology*, Vol. 4: 1020.

que con el consciente. Aunque suele suceder espontáneamente, hay cosas que se pueden hacer para incentivarlo. Toma una hoja de papel y dibuja o escribe sin intentar ser muy específico. Deja un tiempo para que la respuesta vaya tomando forma.

Es importante en esta fase preguntarse también si uno está dispuesto a tomar una nueva perspectiva respecto al problema. Si ves que la información que aparece coincide con tus viejas ideas, tal vez necesites más tiempo. Vuelve al paso 3.

Toma tiempo

Cultivar la creatividad y la innovación en tu subconsciente requiere tiempo. Al principio, es posible lo encuentres algo frustrante y no muy eficaz. Pero mientras más practiques la conexión entre consciente y subconsciente, más fácil se volverá.

En general, al simplificar tu vida y tu mente puedes aumentar tu flujo creativo. Apagar la radio mientras conduces, disminuir el tiempo que pasas delante de una pantalla, dormir más y evitar la sobrecarga de información son algunas de las cosas que te permitirán tener una mayor capacidad mental para cultivar nuevas ideas creativas.

Una mente llena es como una taza llena. Si no hay lugar para ellas, las nuevas ideas rebalsarán y se perderán. Como decía el pintor holandés Hans Hoffmann: «La habilidad para simplificar significa eliminar lo innecesario para permitir que lo necesario se exprese».[42] Las investigaciones han

---

42. https://en.wikipedia.org/wiki/Hans_Hofmann.

demostrado que la simplicidad en el entorno laboral aumenta el flujo creativo.[43]

En este aspecto, menos es más.

La creatividad en la matriz

Cuando le preguntamos a la gente en qué cuadrante de la matriz de la efectividad mental cree que se encuentra la creatividad, la respuesta es, a menudo, en el cuarto cuadrante. El cuadrante que es consciente y distraído. El razonamiento es que en este cuadrante la mente está más abierta a nuevas ideas, lo que parece tener sentido.

Pero el desafío con la creatividad no es solo tener buenas ideas, sino ser capaces de quedarse con las buenas en lugar de dejar que se pierdan en medio de distracciones. En otras palabras, creamos las circunstancias para la creatividad en el cuadrante cuatro, pero terminamos perdiéndolas debido a que no podemos concentrarnos en mantenerlas.

El pensamiento creativo, es decir, la generación de ideas, puede comenzar en el cuadrante cuatro, pero para ser capaz de capturarlas, mantenerlas y hacerlas crecer necesitamos estar en el cuadrante dos (véase Figura T7.1). En el segundo cuadrante no solo somos conscientes y estamos alerta a las nuevas ideas, sino que tenemos la capacidad de concentrarnos en ellas y desarrollarlas. Lo que es importante en el segundo cuadrante es que nuestra concentración esté relajada, ya que enfocarse demasiado en algo puede limitar el flujo creativo y evitar que surjan nuevas ideas.

---

43. T. M. Amabile, J. S. Mueller, W. B. Simpson, C. N. Hadley, S. J. Kramer y L. Fleming (2002), «Time Pressure and Creativity in Organizations – A Longitudinal Field Study», *Harvard Business School Working Paper*: N.º 02-073.

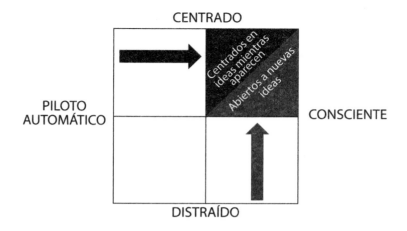

Figura T7.1. La creatividad en la matriz.

Seguramente todos nosotros desearíamos ser más creativos y capaces de producir nuevas ideas y visiones. Una de las barreras a la creatividad es que estamos muy ocupados. No sentimos que tengamos suficiente tiempo y energía para realizar los cuatro pasos del proceso. Pero estos pasos no requieren necesariamente de mucho tiempo. Con unos pequeños cambios intencionados y estando más presentes y calmados, nuestra mente creativa estará a nuestro alcance.

La generación de muchas ideas a menudo lleva a realizar cambios, que es lo que veremos a continuación.

Consejos y reflexiones sobre la creatividad

- Muchos entornos laborales no favorecen la creatividad y cuando estamos bajo presión y sujetos a muchas distracciones es difícil ser creativos.
- Las ideas creativas no surgen del pensamiento, sino cuando no pensamos y nos apoyamos en nuestro subconsciente.
- Nuestro subconsciente experimenta muchas más cosas de las que somos conscientes. Aprovechar esas experiencias será una fuente de nuevas ideas.
- Hay cuatro pasos en el proceso creativo: formular, soltar, dar tiempo y activar. Pruébalas a ver cómo te funcionan.

Técnica N.º 8

Cambio

Todos hemos escuchado el dicho: «Lo único constante es el cambio», pero saberlo y adoptarlo son dos cosas muy diferentes.

Somos seres de costumbres. De hecho, se calcula que el 95% de nuestras acciones se basan en nuestros hábitos.[44] Es decir, solo un 5% se hace conscientemente. No solo somos seres de costumbres, sino que nuestro cerebro está programado para preferir que las cosas continúen igual. La familiaridad nos otorga un gran sentido de seguridad psicológica.

Cuando las cosas cambian o se vuelven muy inciertas, estamos inquietos. Sentimos que no tenemos el control. La incapacidad de aceptar que todo cambia es una de las principales razones que nos afligen y nos hacen sufrir. La práctica del mindfulness puede ser una gran herramienta de cambio ya que reconecta el cerebro para que se sienta más confortable con los cambios.

Aprender a aceptar la realidad del cambio constante es muy importante. Cuando pasamos un buen día en el trabajo sin esperar que el día siguiente sea igual de bueno, seremos más resilien-

44. David Hamilton (2005), *Social Cognition: Key Readings* (New York: Psychology Press).

tes al cambio. Aceptar los cambios es una forma de mantener el equilibrio, tener menos estrés, mejor salud y mayor paz mental.

En la mayoría, de entornos laborales, si no en todos, el cambio es constante, cambian los procesos, los sistemas y las personas. Esto es cada vez más común debido a la ley de Moore y el crecimiento tecnológico que conlleva, el cual afecta cada vez más a todos los sectores. La forma en que gestionemos estos cambios es fundamental para nuestro bienestar y para realizar nuestro potencial.

Esta técnica de mindfulness nos ayuda a adaptarnos a los cambios externos fuera de nuestro control. Veremos por qué los humanos se resisten al cambio, abrazan la resistencia y también una fórmula paso a paso para gestionar el cambio. Comencemos viendo nuestra respuesta automática al cambio: la resistencia.

Entender la resistencia

Para entender la naturaleza de la resistencia necesitamos saber más acerca de nuestra mente subconsciente, que está permanentemente atenta a lo que sucede a nuestro alrededor procesando la información que nos llega a través de los sentidos y re-direccionando nuestra conducta sin que nos demos cuenta. El subconsciente busca siempre auto preservarse, y si percibe algo como una amenaza, nos impulsa a actuar inmediatamente. Si no fuera por este proceso, probablemente no estaríamos vivos. Al menos nuestros ancestros hubieran tenido menos posibilidades de sobrevivir.

El problema se da hoy cuando respondemos a los cambios laborales de la misma forma que nuestros ancestros respondían al ataque de un mamut. Es un instinto de supervivencia.

Preparados para valorar la certeza, todo lo que es incierto es naturalmente resistido. Es más, sería extraño que no tuviéramos cierta resistencia al cambio. Puesto que somos animales de costumbres, cualquier alteración de nuestros hábitos requiere un esfuerzo. Aun cuando sea algo que deseamos, necesitamos realizar un esfuerzo para sobreponernos al impulso neurológico de mantener las cosas tal como están en nuestros patrones habituales.

En la serie de televisión *Star Trek* se acuñó la frase «la resistencia es inútil». Puesto que la resistencia al cambio es natural, la frase debería ser «Resistirse a la resistencia es inútil». Cuando intentamos hacerlo, solo generamos más resistencia. Creamos una lucha interna que a menudo nos provoca angustia, frustración, estrés y ansiedad. Resistirse a la resistencia no nos ayuda a avanzar, sino que impacta negativamente en nuestra salud y bienestar.

La clave para gestionar la resistencia es reconocerla y aceptarla.

Aceptar la resistencia no solo es más saludable, sino que es instructivo, ya que nos permite aceptar los cambios y potencialmente mejorar los procesos y resultados.

Aceptar la resistencia

Durante una gran restructuración, Helle, una ejecutiva de una gran empresa europea de bienes de consumo, compartió su experiencia al aplicar el mindfulness al cambio. Le habían asignado liderar un cambio en su sector que sería poco popular. Hizo lo posible para intentar mostrar el cambio de forma positiva, pero era un mensaje duro de dar y de escuchar por parte del equipo.

Después de la sesión, uno de los integrantes del equipo pidió hablar con ella respecto al cambio propuesto. Habían participado recientemente en un programa de cambio con mindfulness. Ella respiró hondo un par de veces con el fin de tener la mente abierta a lo que le fueran a proponer, y evitar dar respuestas automáticas.

Él estaba muy calmado, lo que ayudaba a que le prestara total atención. Dijo que se había tomado su tiempo para asimilar el mensaje y reconocía que cierta resistencia al cambio era normal. También dijo que había identificado algunos temas en la propuesta que, si eran considerados, podían hacer más fácil el cambio para todos.

Helle estaba abierta a escuchar sus ideas.

Juntos consiguieron mejorar el plan.

Ella le agradeció sus ideas y ambos se mostraron satisfechos con la interacción mantenida y comentaron cómo lo aprendido en el taller de mindfulness les había servido para hacer el proceso de cambio más fácil.

La forma consciente para cambiar es reconocer los cambios externos que no puedes controlar, aceptarlos y aprender de ellos. Al observar neutralmente tu resistencia a ellos, liberas espacio mental y dejas un segundo para reaccionar ante ellos, lo que puede ser la diferencia entre reaccionar impulsivamente a una amenaza o responder conscientemente en forma constructiva (véase Figura T8.1).

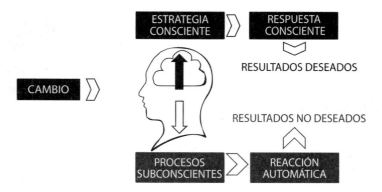

Figura T8.1. Gestionar el cambio con mindfulness.

Para Helle eso implicaba, hacer una serie de respiraciones profundas al ser confrontada; al integrante de su equipo le permitió estar calmado y reconocer su natural resistencia.

Por supuesto que hay una gran diferencia entre reconocer y observar la propia resistencia y dejarse sobrellevar por las emociones que esta conlleva. Una vez que das un paso atrás para observar tu resistencia, esta ya no tiene la capacidad de obnubilar tu mente y consumir tu energía.

En cuanto seas capaz de observar tu resistencia, fíjate qué cosas puedes aprender de ella. ¿Estás resistiendo simplemente por una cuestión de familiaridad? ¿Estás resistiendo porque hay alguna cosa que no tiene sentido? Buscar entender qué es lo que motiva tu resistencia puede ser muy instructivo.

Con claridad mental y conocimiento de tu resistencia puedes responder en forma mindfulness. Puedes elegir aceptar el cambio y dejar de lado tu resistencia, lo que te permitirá avanzar. También puedes elegir resistir al cambio, pero focalizada y conscientemente.

Si bien el cambio es constante, gestionarlo no es fácil. Para modificar nuestra conducta necesitamos dos cosas: motivación y apoyo (véase Figura T8.2).

Figura T8.2 Los dos caminos de la resistencia.

Optimizar el proceso de gestión del cambio

Al igual que el cambio, la motivación puede ser externa o interna. Si el cambio está motivado exclusivamente por fuerzas externas, sin aceptación interior, es posible que la gente altere su conducta, pero probablemente se resistan y resientan. Puede que terminen sometiéndose, pero lo harán a regañadientes y de forma insostenible. A la primera oportunidad de volver a lo anterior, la gente lo hará.

Sin embargo, si un cambio externo es aceptado internamente, la posibilidad de hacerlo sostenido se incrementa. Este es el poder del mindfulness en la gestión del cambio. Permite que la gente reconozca y acepte su resistencia a este. Pueden elegir aceptarlo libremente, o resistirse conscientemente. Por ejemplo, en el caso que vimos, la resistencia consciente, hizo que mejorase aún más el proceso de cambio de Helle.

Si dejamos que nuestra resistencia natural a los cambios provoque reacciones subconscientes y automáticas, lo único que conseguiremos es mayor sufrimiento y peores resultados. Si podemos aplicar el mindfulness al proceso de cambio, podremos reconocer nuestra resistencia y optimizar los recursos para todos. Con mindfulness podemos cultivar la motivación de avanzar y la habilidad de obtener los resultados deseados. Estos son los cinco pasos para gestionar el cambio:

Pasos para el cambio con mindfulness

1. Percibir el cambio. Reconocer que las cosas cambian. Obtén la mayor información posible acerca de lo que puede implicar el cambio. Lo ideal es que al hacerlo aceptes las realidades del cambio consciente, dejando que la curiosidad, en lugar del miedo, sea en lo que se base la investigación.

2. Reconocer la resistencia. Si piensas que no tienes resistencia al cambio, piensa otra vez. Es natural resistirse, no es malo. La resistencia puede ser muy instructiva y puede ayudarnos a gestionar mejor el cambio. No intentes ignorar tu resistencia u oponerte a ella.

3. Observar la resistencia. Intenta entender las razones por las cuales te resistes. Fíjate si hay algo que puedas aprender de ella que te sirva para mejorar el proceso de cambio.

4. Escoge conscientemente tu respuesta. Al entender el cambio y tu resistencia, tienes razones para elegir qué hacer. Puedes aceptarlo y dejar de resistirte, eso puede implicar hacer aportes para mejorar el proceso de cambio. O puedes resistirte conscientemente porque crees que no es lo que más conviene. Lo importante es que al decidir estés calmado y con la mente abierta.

5. Actúa. El último paso es actuar en conformidad con lo decidido. Es entonces cuando avanzas. El hecho de aceptar el proceso de cambio, no significa que será fácil, pero ayuda saber que el proceso será difícil, ya que hay que cambiar hábitos y patrones de conductas. Durante esta etapa es importante contar con apoyo para mantener el proceso de cambio. Esto puede ser capacitarte, buscar un coach o practicar mindfulness. Lo bueno del mindfulness es que puedes aplicarlo durante el proceso de cambio haciendo la transición más fácil y eficiente.

Lo único constante es el cambio, y la única forma que tenemos para crecer es aceptarlo. Si resistimos el cambio sin mindfulness, provocamos un innecesario sufrimiento tanto para nosotros como para los demás. Cuando aceptamos el cambio con mindfulness, podemos adoptar acciones que serán beneficiosas para tu salud, tu felicidad y para desarrollar tu potencial. Cuando resistimos con mindfulness y gestionamos el cambio, avanzamos, aprendemos y nos desarrollamos. Mantenemos un equilibrio y optimizamos los resultados para todos.

Consejos y reflexiones para gestionar el cambio

- El cambio es constante. Igual que nuestra resistencia. Somos seres de hábitos y no nos gustan los cambios, especialmente si nos los imponen externamente.

- Entender nuestra resistencia nos permite separar la resistencia habitual de la resistencia justificada, eso nos permite elegir, aceptar o resistir con fundamento.

- Ser conscientes de nuestra resistencia y gestionar hábilmente nuestra respuesta nos permite avanzar hacia una mayor colaboración y cooperación.

- Piensa en algunos de los cambios que se están llevando a cabo en tu entorno laboral o personal. ¿Cómo crees que se podría mejorar el proceso para que todos salgan más beneficiados?

Técnica N.º 9

Energía mental

Un día de trabajo es como una carrera de larga distancia. Al igual que un corredor de maratón, tienes que tener suficiente energía para llegar al final. La mayoría conoce tres fuentes de energía: sueño, buena nutrición y ejercicio físico; pero la cuarta fuente, el propio uso que hace la mente para mantener energía, no suele tenerse en cuenta.

Las tres técnicas siguientes las dedicaremos a ayudarte a dormir mejor, alimentarte apropiadamente y equilibrar tu actividad física, pero antes veremos esta técnica que nos ayudará a aprovechar la energía gestionando tu mente. Primero veamos como los pensamientos impactan en tu energía y como el mindfulness puede ayudarte a conservarla.

Pensamientos, espirales de pensamientos y energía

Algunos animales hibernan durante el invierno para conservar energía. La hibernación reduce el metabolismo del cuerpo, permitiendo a los animales subsistir sin comida largos períodos de tiempo.

Imagínate que pudieras conservar energía de manera

similar, de tal forma que llegaras al final del día con energía suficiente para cuando la necesites. De hecho puedes, y no tienes que dormir todo el invierno para hacerlo. La práctica del mindfulness es en realidad una pequeña hibernación.

En un estudio sobre los efectos del mindfulness y la conservación de energía, John Ding-E Young y Eugene Taylor pidieron a los examinados que se sentaran y se concentraran en su respiración[45]. Mientras se sentaban eran monitoreados para ver cualquier cambio en su fisiología. A los pocos minutos, notaron cambios similares a la hibernación de los animales, es decir, menor consumo de oxígeno y respiración más suave. El cuerpo de los sujetos entraba en un estado similar al del sueño profundo, a pesar de que sus mentes estaban muy conscientes y atentas. Si esto ocurre en unos pocos minutos, imagínate lo que podrías conseguir con mayor práctica.

También se ha estudiado que, sin entrenamiento apropiado, nuestra mente tiende a divagar la mitad de las horas que pasa despierta.[46] Cuando divagamos, es decir, que no estamos centrados, la energía se disipa y no se trata solo del consumo de energía valiosa, sino que según a donde nos lleve nuestra mente al distraerse (por ejemplo a ponernos ansiosos, frustrados o enfadados) es fácil que entremos en una espiral fuera de control.

Las emociones negativas suelen drenar rápidamente la

---

45. John Ding-E Young y Eugene Taylor (1998), «Meditation as a Voluntary Hypometabolic State of Biological Estivation», *American Physiological Society*, N.º 13: 149-153, http://www.ncbi.nlm.nih.gov/pubmed/11390779.

46. Matthew A. Killingsworth y Daniel T. Gilbert (2010), «A Wandering Mind Is an Unhappy Mind», *Science 12*, Vol. 330, N.º 6006: 932.

energía, pero los pensamientos positivos en espiral también pueden llegar a drenarla. Cuando esperamos con excitación la concreción de algo, es difícil dejar de pensar en lo que sucederá y todas las consecuencias que tendrá. Aun cuando sea algo bueno, una espiral de pensamientos positivos no deja de ser una espiral, y todo ese pensamiento consume glucosa y oxígeno, el combustible del cerebro. Nuestros pensamientos tienen un gran impacto en nuestra salud mental y en nuestro bienestar. El pensamiento, sea negativo o positivo, puede dejarte exhausto.

Con mindfulness consigues fortalecer tu concentración y estar consciente de lo que sucede, lo que te dará tiempo y la capacidad de elegir el objeto de tu atención, así como ayudarte a conservar mejor la energía mental.

Aumentar la energía mental

En este tema, el mindfulness te puede ayudar a través de cuatro claves: estar presente, mantener el equilibrio, elegir y compensar ciclos.

Cuatro formas mindfulness para conservar energía mental

1. **Estar presente.** Estar en el aquí y el ahora es una forma de conservar energía, porque cuando dejamos divagar a nuestra mente en pensamientos que distraen, está consumiendo una energía que no se aplica a nada concreto. Elegir estar presente en el momento optimiza el uso de energía.

2. **Mantener el equilibrio.** Ser consciente de las espirales de pensamientos, tanto positivos como negativos, nos permitirá buscar un equilibrio. Estar atentos a la tendencia de nuestra mente de sucumbir a la atracción o a la aversión (ir hacia lo que queremos y huir de lo que no queremos) es muy útil para poder buscar un equilibrio y así conservar energía.

3. **Elegir.** Para poder gestionar nuestra energía mental, tenemos que ser conscientes del impacto que tienen nuestras experiencias en el consumo de energía. Al conocerlo, podemos elegir a qué dedicaremos nuestro tiempo. Evita la multitarea. Sigue la primera regla y elige tu tarea y enfócate en ella. Aprecia el ahorro de energía que conlleva no andar saltando de una tarea a otra.

4. **Compensando ciclos.** Nuestra energía mental aumenta y disminuye durante el día en ciclos que están relacionados con nuestro sueño, alimentación y actividad física. No podemos estar siempre con el nivel alto. Para la mayoría de las personas, el nivel más alto de energía es por las mañanas, después de un buen descanso nocturno. Esos niveles suelen disminuir durante el día, alcanzando su punto más bajo después de almorzar, y volviendo a subir durante la tarde. Ser conscientes de las fluctuaciones de energía de nuestro cuerpo nos permite elegir qué hacer en cada momento del día. Por ejemplo, si tienes que hacer el análisis de algo complejo es mejor que lo hagas cuando tienes tu energía total, mientras que otras tareas, como contestar emails pueden ser realizadas cuando la energía está baja.

La práctica del mindfulness también te puede ayudar a conservar energía mental de otras formas. Mientras más conscientes seamos de nuestros procesos mentales, más nos daremos cuenta de las historias que nosotros mismos nos creamos. Linda era directora en un gran instituto de investigaciones de Estados Unidos. Después del taller de gestión de la energía, se percató del impacto negativo que tenía en su propia energía el mirar la televisión.

Al final del día, le parecía una buena idea relajarse en su sofá a mirar la televisión. Sin embargo, se percató de que en lugar de recuperar energía, sentía que allí sentada se le quitaba toda. Decidió probar qué impacto tendría apagar la televisión, y después de cenar salir a dar un paseo en familia.

Aunque al principio hubo cierta resistencia por parte de los demás miembros de la familia y hubo que enfrentarse a cambios de hábitos, después de unos pocos días comprobó que se sentía mucho más energizada por la noche, y además había conseguido tener un tiempo de calidad con su familia.

Inspirada con ese cambio, comenzó a aplicar modificaciones en su agenda laboral diaria para aprovechar mejor los ciclos de energía. Puesto que tenía más por la mañana, dedicaba sus primeras tareas a analizar documentación y escribir informes. A media mañana, sentía que su nivel de energía descendía, por lo que era un buen momento para repasar la bandeja de entrada de su correo.

La mayoría funcionamos de forma similar; ante la incertidumbre, el estrés y las preocupaciones diarias, nuestra mente comienza a pensar en las peores consecuencias posibles. Afortunadamente, con entrenamiento podemos vislumbrar los momentos y las cosas que merman nuestra energía y así elegir qué hacer y cuando para conservarla. Estando atento, a como mantenemos nuestra energía y a sus cuatro fuentes: sueño, nutrición, ejercicio y mente, podemos regularla a lo largo del día, ser más eficientes y tener más paz mental.

Consejos y reflexiones para gestionar la energía mental

- Nuestros pensamientos no son aire. Lo que pensamos y cuánto tiempo nos pasamos pensando en las cosas, positivas o negativas, consumen energía.

- Tómate el tiempo necesario en los próximos días para percibir como sube y baja tu energía y como los pensamientos impactan en la misma.

- Piensa en cosas que puedes hacer para mejorar tu energía mental a través de estar presente, mantener el equilibrio, elegir y compensar los ciclos.

Técnica N.º 10
Mejorar el sueño

¡Ah... dormir...!

El maravilloso y glorioso sueño.

¿Recuerdas cuándo ha sido la última vez que tuviste dos o tres noches consecutivas de dormir realmente bien? Espero que no haya sido hace mucho. Tal vez estabas de vacaciones o simplemente fue un fin de semana largo. ¿Cómo impactó eso en tu humor? ¿Y en tu creatividad y energía? ¿Cómo afectó a tu concentración, claridad y rendimiento? Si tengo que adivinar, diría que tu concentración era la de un láser, tu claridad cristalina y tu rendimiento sólido.

Ahora recuerda la última vez que tuviste una mala noche. Tal vez tenías una presentación que preparar y trabajaste hasta tarde, o no te sentías bien pero tenías que ir a trabajar al día siguiente. La mayoría coincide en que el poco sueño impacta negativamente en su rendimiento y en el bienestar a todos los niveles. Y hay investigaciones que lo comprueban.

Muchos estudios identifican la falta de sueño como una de las causas que están detrás de una larga lista de enfermedades y desórdenes mentales.[47] Aun una leve falta de sueño puede causar un impacto significativo en el razonamiento, la capacidad

---

47. John Medina (2008), *Brain Rules* (Seattle: Pear Press).

de atención, el humor y la capacidad de acción. Menos sueño puede conducir a depresión, ansiedad, paranoia e incluso un coma o la muerte (véase Figura T10.1). Aunque los humanos pueden sobrevivir varias semanas sin comida y hasta una semana sin beber, solo pueden estar cuatro días sin dormir.

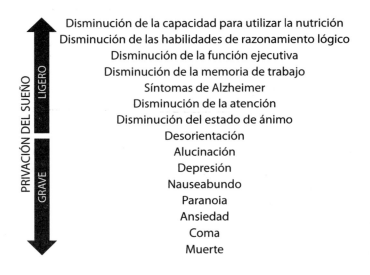

Figura T10.1. El impacto de la falta de sueño.

Sin embargo, a pesar de la importancia del sueño para nuestra salud y bienestar, suele ser lo primero que dejamos de lado. Debido a nuestras ocupadas vidas, el sueño suele ser lo primero que rebajamos en nuestra lista de prioridades. Después de todo, hay un número limitado de horas, pero incluso una falta leve de sueño puede tener grandes consecuencias en nuestro rendimiento laboral.

Varios estudios han demostrado que el mindfulness mejora la capacidad de dormir y de dormir con mucha mejor calidad.[48] Ya sea que seas una persona que necesita dormir poco o que necesites mucho, mejorar lo rápido que te duermes y con qué calidad lo haces te permitirá aprovechar mejor el tiempo y ser más eficiente.

Esta técnica te explicará cómo usar el mindfulness antes y después de dormir. Comencemos por tres guías para dormir mejor.

Guía N.º 1: Súbete a la ola de la melatonina

Una mezcla compleja de neuroquímicos en tu cerebro y en tu cuerpo, de los cuales la principal es la melatonina, determinan la calidad de tu sueño. La melatonina, segregada por la glándula pineal dentro de tu cerebro, hace que te relajes, entres en somnolencia y te duermas.[49] Es una gran droga orgánica y natural. Si aprendes a percibirla y amoldarte a ella, disfrutarás de irte a dormir y lo harás con mejor calidad toda la noche.

La segregación de melatonina tiene su propio ritmo: muy baja por la mañana, se eleva por la tarde y llega a su máximo a las 2.[50] A la mañana siguiente vuelve a estar baja del todo. Como muestra la Figura T10.2, las cimas y valles de tus niveles de melatonina crean una preciosa onda a lo largo del día y la noche.

---

48. Linda E. Carlson (2005), «Impact of Mindfulness Based Stress Reduction (MBSR) on Sleep, Mood, Stress and Fatigue Symptoms in Cancer Outpatients», *International Journal on Behavioral Medicine*, Vol. 12, N.º 4: 278-285.

49. A. Brzezinski (1997), «Melatonin in Humans», *The New England Journal of Medicine*, 336: 186-195.

50. Brzezinski, «Melatonin in Humans».

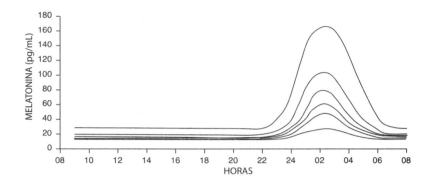

Figura T10.2. Niveles de melatonina diarios.

Y la ola de la melatonina no es solo algo bonito de ver en un gráfico, sino que es una ola a la que puedes subirte para dormir mejor. ¿Cómo? Es como en el surf: para coger una buena ola, debes subirte a ella cuando comienza. Luego, déjate llevar por ella a través de una larga noche de buen sueño hasta la costa matinal.

La clave para coger la ola de la melatonina es ser mindful: ser consciente de la natural somnolencia y relajación que ocurre al entrar la noche y mantener esa consciencia mientras te preparas para ir a acostarte. Si intentas mantenerte despierto, lo que es posible y muchos hacemos, perderás la oportunidad ideal de cogerla. Surfear una ola que ya está rompiendo puede llevarte igualmente hasta la costa, pero probablemente no será una experiencia ni muy eficiente ni placentera.

Además de entrar en sintonía con tu ciclo de la melatonina, la otra forma de mejorar el sueño es eliminar o reducir el tiempo de pantalla antes de ir a dormir.

Guía N.º 2: Apaga todas las pantallas 60 minutos antes de ir a dormir

Si estás leyendo este capítulo en una pantalla y en la cama, por favor, detente. Tu teléfono, tableta, portátil, televisión o cualquier otra pantalla que estés mirando puede impedirte subir a la ola de la melatonina. Las pantallas emiten altos niveles de rayos de luz azul, que inhibe a la glándula pineal y, por lo tanto, a la segregación de melatonina.[51] El sol solía ser la única luz que regulaba el reloj neurológico, pero la luz artificial amenaza con modificar el ritmo natural.

Para decirlo simplemente: la luz azul mata tu sueño. El cerebro lo interpreta como si el sol aún estuviese alto, cuando es probable que ya se haya ocultado unas cuantas horas antes y ya deberías estar durmiendo.

Para evitar la confusión circadiana que la exposición a la luz azul puede causar, apaga todas las pantallas uno hora antes de ir a dormir. Todas. Puede parecer difícil, pero funciona. El impacto que tiene sobre la calidad de sueño, y por lo tanto sobre el rendimiento físico, hablar por sí mismo.

Por supuesto, eliminar un arraigado hábito de golpe es muy difícil, por eso intenta reemplazarlo por 60 minutos de actividades perceptuales.

51. M. G. Figueiro, B. Wood, B. Plimick y M. S. Rea (2011), «The Impact of Light from Computer Monitors on Melatonin Levels in College Students», *Neuro Endocrinology Letters*, Vol. 32, N.º 2: 158-163.

Guía N.º 3: Actividades perceptuales 60 minutos antes de dormir

Pensar demasiado también puede causar problemas para conciliar el sueño. Las actividades conceptuales como una conversación intensa, trabajar, contestar mails o incluso leer suelen despertar tu atención y, por lo tanto, inhibir la somnolencia natural. Sin embargo, algunas actividades perceptuales como lavar los platos, dar un paro escuchar música pueden ayudarte a subirte a la ola de la melatonina cuando comienza a levantarse. El solo hecho de ser consciente de los niveles de melatonina puede ayudarte a sumarte a ella.

Antes de que digas «eso es imposible» reflexiona sobre tu rutina nocturna. Aun cuando regularmente trabajes en tu ordenador hasta el momento de dormir, eso no tiene por qué ser así.

Melissa, una empleada del Gobierno Federal Australiano, al ver por primera vez estas guías, pensó que era imposible de aplicar para ella. Estaba habituada a trabajar en su tableta hasta la hora de dormir. Sin embargo, estaba decidida a probar si funcionaría.

Después de intercambiar opiniones con otros participantes del programa, decidió reestructurar sus actividades nocturnas. En lugar de hacer cosas como lavar los platos justo después de cenar, decidió dejarlas para antes de irse a dormir. Esto le dejaba tiempo para trabajar después de la cena hasta una hora antes de la hora prevista para ir a dormir, en la cual apagaba todas las pantallas y hacía distintas actividades perceptuales.

Un pequeño ajuste en tu rutina nocturna puede permitirte ir a la cama con la mente mucho más calmada y en mayor sintonía con los ritmos naturales del cuerpo. Así que deja el lavar los platos, sacar a pasear al perro o tirar la basura para la última hora del día. En este caso, procrastinar es bueno.

Dormirse en forma mindfulness

¿Cuál es la apariencia de tu dormitorio? ¿Está limpio y ordenado o lleno de cosas y desordenado? ¿Es un espacio tranquilo o caótico? Cuanto más puedas hacer para que tu dormitorio parezca un santuario del sueño, mejor. Deja que tu dormitorio sea un espacio no conceptual. Deja tus conversaciones, pensamientos y pantallas fuera del mismo.

Además de hacer de este lugar un altar del sueño, sigue estas etapas para calmar tu mente y subirte a la ola de la melatonina.

Dormirse en forma mindfulness

- Antes de acostarte siéntate al borde de la cama, y practica mindfulness por unos minutos, tal como se explica en la parte tercera del libro. Deja que cualquier pensamiento sobre cuestiones no resueltas surja y luego déjalas ir. Concéntrate en tu respiración y deja que tu cuerpo se relaje. Deja que tu mente se relaje. Respira y suelta.
- Acuéstate sobre la espalda. Mantén cierta consciencia de tu respiración mientras dejas que el cuerpo y la mente se relajen con cada exhalación. No te concentres demasiado en la respiración, ya que eso despertará tus sentidos. Relájate y suelta.
- Después de poco tiempo sentirás que tu consciencia se desvanece. Cuando eso sucede rota hacia tu lado derecho, suelta cualquier resto de consciencia y desvanécete en el sueño.

Si tienes tendencia a levantarte a mitad de la noche, al volver a la cama repite los dos últimos pasos. Si te despiertas agitado, tal vez porque tengas una presentación importante al día siguiente, reconoce y enfréntate con esa situación. En definitiva, la raíz de lo que perturba el sueño está en tu mente y es allí donde debe ser tratada, sea estrés, incertidumbre o cualquier otra cosa. Y el problema solo puede ser solucionado en su fuente.

Ya hemos visto cómo podemos dormirnos mejor, pero el mindfulness también sirve para despertarse mejor preparado para el día.

Despertarse con mindfulness

¿Alguna vez te has despertado malhumorado y ansioso?

Hay algo de cierto en eso de levantarse del lado malo de la cama. Algunos estudios han demostrado que muchas personas tienen altos niveles de la hormona del estrés, el cortisol, en sangre en los minutos que siguen a despertarse.[52] Esta segregación temprana de cortisol se produce cuando inmediatamente comenzamos a pensar en todo lo que tenemos que hacer durante el día.

El problema se agrava porque una vez que el cortisol entra en la sangre, nuestro cuerpo necesita mucho tiempo y energía para volver a los niveles normales (véase Figura T10.3). Cuando nos levantamos, el mecanismo natural de defensa de la mente aún no ha sido activado. El resultado es un comienzo estresante y una masiva pérdida de energía.

---

52. J. C. Pruessner, O. T. Wolf, D. H. Hellhammer, A. Buske-Kirschbaum, K. van Auer, S. Jobst, F. Kaspers y C. Kirschbaum (1997), «Free Cortisol Levels after Awakening», *Life Science journal*, Vol. 61, N.º 26: 2539-2549.

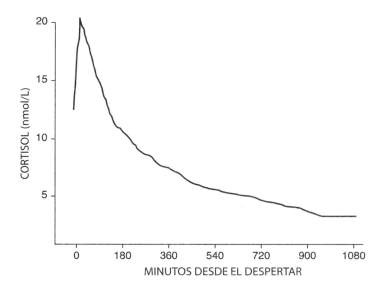

Figura T10.3. Niveles de cortisol diarios.

Despertarte en paz puede ahorrarte un montón de energía para el resto del día. El mindfulness puede contribuir a minimizar o evitar la segregación de cortisol matinal. Puede ser la diferencia entre comenzar el día con un segundo de ventaja o comenzar en desventaja aun antes de levantarte de la cama. Para despertarte bien sigue estos pasos:

Despertarse con mindfulness

- Mientras te despiertas, no comiences a pensar, simplemente sé. Reconoce tu cuerpo, tu mente, pero no te involucres en pensamientos. Siéntate al borde de la cama y haz dos minutos de práctica mindfulness (véase Parte III) Concéntrate en tu respiración y deja de lado los pensamientos.

Cuando consigues el mejor de los sueños, tienes más concentración y claridad y tendrás mejores resultados en tu trabajo diario. Aunque puedas necesitar de algunos cambios en tu rutina y algo de entrenamiento antes y después de dormir, obtendrás unos beneficios invalorables. Pruébalo durante un mes a ver qué resultados tienes.

Consejos y reflexiones para mejorar tu sueño

* Reflexiona sobre tus patrones de sueño: ¿duermes lo suficiente? ¿Cuando vas a la cama te duermes rápido? ¿Cuál es tu calidad de sueño? ¿Puedes mejorarla?
* Prueba una o dos de las guías de sueño durante una semana. Luego descubre el impacto que han tenido en tu sueño.

Técnica N.º 11

Nutrición y energía

Como dice el dicho: «Eres lo que comes».

Lo que comes tiene relación con tu capacidad de concentrarte, tener claridad mental y ser productivo. Además, comer lo correcto, en el momento justo y en la proporción adecuada es la mejor forma de mantener el nivel de energía alto.

Muchos de nosotros tenemos vidas frenéticas, estamos bajo presión y nos vemos permanentemente inmersos en un alud de responsabilidades, lo que nos lleva a caer en malos hábitos alimenticios. Comer bien puede llegar a ser un desafío cotidiano, especialmente en un mundo donde la comida rápida está siempre a mano.

Tal vez con disciplina puedas conseguir hacer lo necesario para comer adecuadamente, pero si comes de forma consciente, lo conseguirás de un modo más placentero, a la vez que cuidas de tu salud y bienestar.

Esta técnica muestra los trucos de nuestra mente que nos conducen a hábitos alimenticios poco saludables. También enseña formas en las que el mindfulness nos puede ayudar a comer lo que necesitamos y no lo que se nos antoja. Para ello hay tres guías básicas: dejar que el estómago sea el que come, evitar la montaña rusa de azúcar y hacer el minuto mindfulness.

Guía N.º 1: Deja que el estómago sea el que come

Nuestros ojos están más hambrientos que nuestros estómagos. Esta es la conclusión a la que ha llegado un estudio realizado por la Universidad Cornell.[53] Durante el mismo, los participantes iban, de uno en uno, a una habitación donde solo había una silla, una mesa, un bol de sopa y una cuchara. Sin que los estudiantes lo supieran, el bol de sopa de la mitad de ellos se rellenaba automáticamente a través de un pequeño conducto. Era un bol interminable.

Los participantes que tomaron de ese bol interminable comieron un 73% más que los que lo hicieron de un bol normal. Cuando se les preguntaba si estaban llenos, respondían que no porque habían dejado la mitad de la sopa.

¿Por qué solemos comer más de lo que necesitamos? Se ha comprobado que si nos concentramos en acabar lo que tenemos delante, perdemos la señal de nuestro estómago de que está lleno. Comemos automáticamente más por hábito que por necesidad.

Un consejo simple es dejar que tu estómago sea el que coma. No hay necesidad de terminar todo lo que tienes delante en un segundo. Gracias a las neveras y demás aparatos tecnológicos, podemos guardar y volver a comer las cosas otro día. Cuando estés lleno, o mejor, antes de que lo estés, deja de comer. Ser consciente de cuándo has comido lo suficiente no solo te ayudará a comer mejor sino a sentirte mejor.

¿Pero qué sucede con esos pequeños tentempiés o picaditas de media tarde con comida basura? Cuando se trata de azúcar, la mente puede tener sus propias ideas.

---

53. Brian Wansink (2010), «From Mindless Eating to Mindlessly Eating Better», *Physiology & Behavior*, Vol. 100: 454-463.

Guía N.º 2: Evita la montaña rusa del azúcar

En un estudio de la Universidad de California, a dos grupos de participantes se les pidió que gestionaran su energía, cansancio y tensión.[54] Al primer grupo se les pidió que lo gestionaran a través de un paseo de 10 minutos; al segundo grupo, dándoles una barrita de caramelo.

Los que caminaron indicaron que tenían más energía y menor cansancio y tensión. Los que comieron la barrita informaron mayor energía al principio, seguido de un bajón de la misma, mayor cansancio y tensión.

Muchos de nosotros, buscando un antídoto rápido a la somnolencia o cansancio nos subimos a la montaña rusa del azúcar. Especialmente por las tardes. Una hora o dos después de comer nos encontramos con el bajón de la tarde. Fatiga que nuestro cerebro interpreta como una falta de glucosa en la sangre. Una reacción natural es tomar un café, un chocolate o algo dulce o una bebida energética para levantar rápidamente nuestro nivel de energía. Pero mucha azúcar puede levantar demasiado los niveles de glucosa en sangre, lo que lleva a cambios de humor, oscuridad mental y estrés.

Al poco tiempo, los niveles de azúcar caen en picado. Una sensación de pánico le sigue, debido al cortisol y la adrenalina segregada, y entonces la fatiga y la oscuridad mental se imponen. Nos encontramos nuevamente donde empezamos. En la parte baja de la montaña rusa, deseando una nueva descarga de azúcar para conseguir energía rápida. Para entender mejor el ciclo véase la Figura T11.1.

---

54. Robert E. Thayer (1987), «Energy, Tiredness, and Tension Effects of a Sugar Snack Versus Moderate Exercise», *Journal of Personality and Social Psychology*, Vol. 52, N.º 1: 119-125.

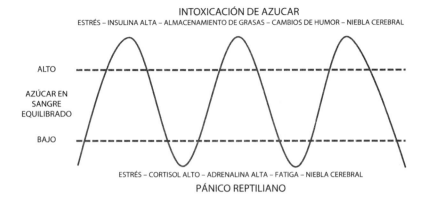

Figura T11.1. La montaña rusa del azúcar en sangre.

Guía N.º 3: El minuto mindfulness

Ya sea que estés en lo alto o en lo bajo de la montaña, tu claridad mental se verá afectada. Ni el cuerpo ni la mente necesitan el azúcar extra, sin importar como parezca que te sientas. Pero, si no somos conscientes de nuestros antojos o del vaivén natural de nuestra energía durante el día, podemos fácilmente caer en montarnos en la montaña rusa. ¿Cómo evitarlo?

Simple, tomarnos un minuto de mindfulness.

El minuto mindfulness, como se ve en la Figura T11.2 es una forma auto dirigida de evitar comer por impulso y sin pensar.

Figura T11.2. El minuto mindfulness.

Permitirte ese minuto antes puede mitigar el impulso de acceder inmediatamente a los antojos que surgen del cansancio. La guía es simple:

Tomar un minuto mindfulness

- Cuando sientas ganas de comer, detente.
- Permítete observar y experimentar el deseo. Deja que la experiencia se presente, pero no sucumbas a ella. Esto no significa utilizar la disciplina o el auto control, solo tomarte un momento consciente antes de comer.
- Pregúntate: ¿cómo se siente? ¿Dónde sientes la experiencia?, ¿en tu estómago o en otro lugar? ¿La experiencia permanece o se modifica?
- Si tras un minuto sientes el mismo deseo, es probable que realmente estés hambriento, así que come algo.
- Si queda poco deseo, no estabas realmente hambriento. Tu mente intentó engañarte. Pero fuiste inteligente y simplemente desmantelaste el deseo dejándolo crecer, pero sin acceder a él.

En las condiciones laborales actuales es fácil ceder a la mala alimentación. Andrew, por ejemplo, trabajaba muchas horas en la oficina de Singapur de un banco europeo. A pesar de que le agradaba volver a su casa con comida de su restaurante favorito Dim Sum y alguna barra de chocolate de postre, no le gustaba ver cómo le estaba creciendo la cintura.

Al principio se rio de la sugerencia de esperar un minuto antes de comer cosas que probablemente no debiera. Pero con el tiempo se fue acostumbrando. Comenzó a observar sus antojos en lugar de ceder a ellos. Pronto estos se debilitaron de tal forma que podía controlarlos sin mayor esfuerzo.

Andrew aún disfruta de vez en cuando de esa comida, pero lo hace conscientemente, fruto de una elección y no de un hábito automático. También se ha dado cuenta de que cuando come un antojo de forma consciente, lo disfruta mucho más y come menos cantidad. Es tan importante no comer automáticamente, como comer la comida adecuada en la proporción y en el momento pertinente. De hecho, las guías pueden ser condensadas en un solo consejo: come lo que quieras, pero come en forma consciente.

La esencia de comer con mindfulness

Hay miles de dietas dando vueltas, todas prometen ser mejor que las otras. Todas te dicen lo que puedes y lo que no puedes comer. Algunas implican cambios drásticos en tu dieta. La mayoría requieren de fuerza de voluntad para no comer determinadas cosas. Algunas pueden ser útiles, pero con mindfulness seguro que serán más fáciles de seguir. ¿Por qué? Porque se ataca el problema de raíz, yendo a la causa de los malos hábitos alimentarios: la mente.

Cuando eres consciente de tu comida, sabes cuándo has tenido suficiente y tiendes a comer menos. También tiendes a disfrutar más de la comida porque le prestas atención con todos los sentidos. De forma tranquila, desmantelas los inconvenientes del cerebro, lo que te permite comer los alimentos más beneficiosos para sostener tu rendimiento físico y mental. Disfruta de tu siguiente comida siendo consciente de la diferencia entre comer con los ojos o con el estómago, entre comer automáticamente o cuando de verdad tienes hambre.

Consejos y reflexiones sobre el comer y la energía

- Reflexiona sobre tus hábitos alimenticios con la mente bien abierta y sin prejuicios, especialmente piensa en cómo impacta lo que comes en tu energía y efectividad.
- Considera estas preguntas: ¿qué cosas comes que te ayudan a estar más atento, centrado y con la mente clara? ¿A qué hora normalmente necesitas comer y qué efecto tiene esto sobre tu estado mental? ¿Son las raciones que comes pequeñas, grandes o equilibradas a tus necesidades físicas y rendimiento mental?
- Intenta aplicar una o dos de las guías nutricionales durante una semana. Fíjate si notas los cambios.

Técnica N.º 12

Actividad y energía

Piensa en la última vez que diste un paseo o tuviste un buen entrenamiento físico. ¿Cómo te sentiste? Lo más probable es que muy bien.

Tu mente y tu cuerpo están conectados a un nivel profundo. Cuando tienes experiencias físicas positivas, tu mente sonríe.

Cuidar tu cuerpo es cuidar tu mente. Dormir bien, comer apropiadamente y estar físicamente activo son la base para el rendimiento y el bienestar.

No tienes que correr una maratón, escalar una montaña o hacer cien flexiones para estar activo. Cualquier tipo de actividad física tiene impacto positivo en tu cuerpo y tu mente. Desde nadar a arreglar el jardín o subir por las escaleras en lugar del ascensor. Cualquier cosa que te haga moverte en lugar de estar quieto, mejora tu mente y tu bienestar.

Cada día aprovecha cualquier oportunidad para hacer ejercicio. Por ejemplo, ve en bicicleta al trabajo o camina en lugar de ir en autobús. Tan solo diez minutos de una caminata intensa te harán sentir con más energía y menos cansancio. Además, ¿cuánto caminas para ir de un lado a otro de la oficina o al parking o al restaurante? Cada una de esas pequeñas caminatas es una gran oportunidad para prestarle a tu cuerpo más atención.

Al igual que con el mindfulness, hay muchos estudios realizados sobre las ventajas de tener un cuerpo en buenas condiciones. En esta técnica veremos cómo el mindfulness y la actividad física se conjugan para tener mejor salud, mayor claridad mental y más atención. Comencemos por la importancia de mantenerse centrado.

Mantenerse centrado

Mantenerse centrado mientras se hace ejercicio, convierte a esta actividad en una pequeña sesión de mindfulness que te hará mejorar tu experiencia. La próxima vez que hagas ejercicio sé consciente del efecto de tus pensamientos sobre tu nivel de energía. ¿Qué pasa cuando son pensamientos positivos, negativos o neutros? ¿Qué efectos causan las distracciones en tu nivel de energía?

Los pensamientos y las distracciones drenan la energía de distinta forma. Los pensamientos negativos son los peores, pero hasta los positivos pueden tener efectos. Una mente clara, calmada y focalizada no drena energía y te permite mantener la actividad física más tiempo: pruébalo por ti mismo y fíjate cómo te afecta. Luego reflexiona sobre la conexión entre la relajación y el rendimiento.

Relajación. La ausencia de esfuerzo innecesario

Al igual que en el mindfulness, la relajación es esencial para que la actividad física sea eficiente. Aunque pueda parecer contradictorio, no lo es. Para ser claro, no quiere decir que puedas levantar pesas mientras estás sentado en el sofá o que debas ir en una bicicleta recostado. Eso no es relajación. La verdadera relajación es la ausencia de esfuerzo innecesario. Es el sendero de la menor resistencia.

Por ejemplo, los que hacen buceo libre tienen que sumergirse a grandes profundidades durante largo tiempo sin utilizar tanques de oxígeno. Stig Avall Severinsen, marcó un récord mundial de veinte minutos y diez segundos sin respirar. Trabajando con su respiración y con su concentración ahorraba energía, disminuía su consumo de oxígeno y aumentaba su rendimiento. Cuando estamos centrados, consumimos menos energía y somos más eficientes.

Un cuerpo relajado, uno sin tensión innecesaria, tiene más aguante y se siente más placentero. Mientras entrenas, observa tu cuerpo en busca de esfuerzos innecesarios o tensión. Luego relájate. Mientras más relajado estés, más podrás hacer y más lo disfrutarás.

Mientras que la relajación es importante para que la mente evite distracciones y pensamientos, esta necesita en qué centrarse. Necesitas tener un ancla y esa es la respiración. La respiración es un gran ancla cuando estás sentado pero también cuando haces actividades físicas. Pero la respiración por sí sola a veces no es suficiente. Suele ser más eficiente sincronizarla con el ritmo natural de tu actividad física.

Centrarse en el ritmo

Cuando hacemos actividad física tenemos un ritmo natural de movimientos, de respiración y de otras funciones corporales. Utiliza ese ritmo natural para fortalecer tu atención. Cuando camines o corras, sincroniza tus pasos con la respiración. Da un determinado número de pasos por cada respiración. De esa forma podrás fácilmente mantener un ritmo constante durante mucho tiempo. Es más fácil que solo enfocarte en tu respiración.

La atención y el ritmo pueden ser de gran ayuda, especialmente cuando no te sientes muy fuerte o tienes dolor. La mayor parte de los dolores vienen de nuestros pensamientos. Estos pueden provenir de sensaciones físicas o distracciones. Si te focalizas en ellos, tu realidad será dolorosa. Si te centras en el ritmo y en la respiración, experimentarás un momento a la vez.

Cuando las distracciones aparecen no trates de ignorarlas. Simplemente siente un momento tras otro: un paso detrás del otro. Inhala y exhala. No pienses cuánto tiempo te falta. Mantente en el momento. Relajado, todos los dolores disminuyen.

Cualquier actividad física te ayudará a tener mayor atención y claridad y al aplicar los principios del mindfulness, podrás mejorar tu rendimiento. Al ayudarte a mantener la atención, la relajación y el ritmo mejorarán la efectividad y el disfrute de la actividad.

Consejos y reflexiones sobre la actividad y la energía

- La mente y el cuerpo están conectados. Si queremos tener una mente saludable, activa y conectada, tenemos que tener un cuerpo sano, activo y conectado.
- Reflexiona sobre tu nivel de actividad a lo largo de la semana. ¿Aprovechas la oportunidad de hacer más ejercicio? ¿Planificas más actividades que impliquen ejercicios?
- Piensa en formas en las cuales puedes usar la atención, la relajación y el ritmo para mejorar tu actividad física y usa esta para mejorar la atención, la relajación y el ritmo.

Técnica N.º 13

Descansos

Estamos tan ocupados que nos olvidamos de hacer descansos. A menudo solo paramos para ir a almorzar. A veces, ese descanso son solo los cinco minutos necesarios para ir a buscar comida y llevártela a tu escritorio. Tómate un minuto y piensa: ¿cuántos descansos tomas en el día? ¿Qué es lo que te impide hacer más descansos?

Es interesante el hecho de que muchas veces quien te impide descansar no es la empresa o los jefes. En realidad, muchos jefes y organizaciones reconocen la importancia de tomarse un descanso.

Quien te impide tomar descansos sueles ser tú mismo.

Pero estos son muy importantes no solo para nuestra salud, felicidad y bienestar, sino también para nuestro rendimiento.

Y lo mejor es que solo te costará unos minutos hacer unos momentos de reposo que te permitan rendir cualitativamente.

Descansos con mindfulness

Un día sin momentos para descansar es para la mente como una carrera de maratón sin tomar agua lo es para el cuerpo:

¿Innecesariamente cansador. Hacer descansos es tanto una buena forma de aprovechar el tiempo como un modo de mantener la atención y la claridad mental.

Un descanso mindfulness es un breve entrenamiento de tan solo 45 segundos. Haz esto cada hora aproximadamente:

Hacer descansos con mindfulness

- Deja tus actividades de lado. No tienes que irte a ninguna parte. Cierra los ojos o mantenlos abiertos si prefieres.
- Dirige toda tu atención a la respiración. Durante tres ciclos respiratorios haz lo siguiente:
- Inspira siendo consciente de tu respiración. Espira mientras relajas cuellos, hombros y brazos.
- Inspira, siendo consciente del aire que inhalas. Espira siendo consciente del aire que exhalas.
- Inspira, aumentando la claridad de tu atención. Espira mientras mantienes la claridad.
- Deja el ejercicio y vuelve a trabajar con renovada relajación, atención y claridad.

Un descanso mindfulness consiste en darle a tu mente la oportunidad de recuperarse por la constante actividad conceptual que el trabajo requiere. El estado conceptual es un estado donde prima el «hacer» tareas de la forma más rápida y eficiente posible. Un descanso mindfulness te pone en un estado en el que prima el «ser» o estado *perpetuo*. Un estado en el que la mente se permite simplemente ser.

Los estados perceptuales y conceptuales son los dos modos fundamentales en los que trabaja el cerebro (véase Figura T13.1). La mente conceptual es la que usamos para planificar, solucionar problemas y pensar. Solemos estar en modo conceptual la mayor parte del tiempo. El estado perceptual es el de observación.

Los beneficios de permitir al cerebro hacer pequeños descansos de la actividad conceptual son numerosos: nuestro cerebro recupera energía, nuestra mente está más atenta y clara, nuestro cuerpo estará más relajado y cortamos la adicción a la acción.

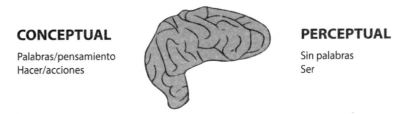

CONCEPTUAL

Palabras/pensamiento
Hacer/acciones

PERCEPTUAL

Sin palabras
Ser

Figura T13.1. La mente conceptual y perceptual.

Obviamente, no siempre podrás tomarte un descanso cada hora. Quienes asisten a reuniones no podrán salir a respirar, al igual que no atenderán sus teléfonos durante las mismas. Si tienes que saltarte un descanso no pasa nada especial, pero mientras más descansos tomes más eficiente serás a lo largo de todo el día.

Si bien los descansos son fáciles de hacer, también son fáciles de olvidar. Hemos creado una app para tableta o teléfono que te recordará cada hora la necesidad de un descanso. Puedes encontrar un enlace en nuestra página web www.potentialproject.com o descargártelo directamente en tu tienda de aplicaciones, buscando Potential Project.

Si por alguna razón no te es posible hacer descansos con mindfulness, hay otras formas de hacerlos. Cada vez que suena el teléfono prueba hacer una respiración mindfulness antes de contestar. O cada vez que cambias de actividad: de la oficina a una reunión o de hablar a contestar emails, prueba hacer una respiración consciente. Busca lo que funcione mejor para ti. Recuerda que cada vez que practicas mindfulness, más fácilmente obtendrás claridad y atención cuando lo necesites.

Consejos y reflexiones sobre los descansos

- Nuestras mentes tienen dos modos de operar: el conceptual y el perceptual.
- La mayoría de nosotros pasamos casi todo el tiempo en modo conceptual. El modo que implica comunicarse y pensar.
- Los descansos se han hecho para dar un alivio a la mente ante tanto pensamiento. Estar en un estado perceptual aumenta el equilibrio y la resiliencia.
- Piensa en formas para introducir descansos en tu rutina diaria.
- Para ayudarte con los descansos puedes bajarte la aplicación respectiva de www.potentialproject.com o de tu tienda de apps.

Técnica N.º 14

Viajar

Eric era un alto ejecutivo de una empresa norteamericana con sede en California. Tenía un departamento grande que gestionar y estaba siempre muy ocupado. Para él entrenar mindfulness era importante. Cuando lo hacía, se sentía centrado, y sano. A pesar de eso, cada vez practicaba menos y menos.

A pesar de nuestras mejores intenciones, a veces el mundo tiene otros planes para nosotros. La realidad de la agenda de Eric, cargada de emails, reuniones y tres hijos hacía difícil, si no imposible, dedicar 10 minutos a practicar mindfulness. Durante semanas intentó sacar ese tiempo para poder practicar.

De pronto, se dio cuenta de que cada mañana tenía 40 minutos de viaje de casa al trabajo, y otros 40 de regreso a casa, solo en su coche.

Eric decidió tomar esos períodos como un momento de relajación. Pero mientras más consciente era de sí mismo, más se daba cuenta de que no se estaba relajando, sino que estaba intentando hacer muchas tareas a la vez durante los 40 minutos. Hablaba por teléfono, buscaba música en la radio o se peleaba con los otros conductores.

Al final, esos viajes terminaron siendo mucho más estresantes de lo que había pensado, por ello en lugar de intentar hacer cosas durante el trayecto, decidió dedicarlo a practicar mindfulness. Era cautivo del tránsito de todas formas así que por qué no aprovecharlo. Ese cambio le ayudó a llegar al trabajo mucho más centrado, y a volver a casa con mucha más presencia y paz mental.

Es probable que suelas llegar al trabajo preocupado con todas las cosas que te han sucedido durante la mañana, o que cuando llegas a tu casa tu mente aún esté en el trabajo. Si te ha sucedido, es que estás en piloto automático. Estás sacrificando tu propia productividad, efectividad y bienestar. Pero lo más importante, te estás perdiendo valiosos momentos de tu vida.

Viajar con mindfulness es una simple pero profunda manera de recuperar parte del tiempo y consumirlo en forma positiva mientras ganas claridad y foco.

Cómo viajar con mindfulness

Hay algunas instrucciones específicas para los trayectos, según como sea que viajes. Si conduces, vas en autobús, tren o avión, poder aprovechar parte de las horas del trayecto para practicar mindfulness será muy útil. Para saber cómo hacerlo, sigue estos consejos:

Viajar para mejorar la atención y la claridad

- **Transporte pasivo:** cuando realices viajes en transporte público relativamente breves, utiliza los primeros cinco minutos (o más) y los últimos cinco (o más) practicando el entrenamiento ABCD descrito en el capítulo 2. Presta total atención a tu respiración, cuenta ciclos y suelta las distracciones.
- **Transporte activo:** si viajas en bicicleta, moto o coche que conduces tú mismo, utiliza los primeros cinco minutos (o más) y los últimos cinco (o más); apaga la radio y desconecta el teléfono. Presta toda la atención a tus manos sobre el volante o manubrio, a tus pies sobre los pedales y al tránsito que te rodea. Es decir, debes estar completamente presente en la experiencia que te rodea. Deja de lado cualquier otro pensamiento.
- **Viajes más largos:** cuando realizas viajes largos, especialmente a través de distintos husos horarios, el mindfulness te puede ayudar a llegar descansado y fresco. Toma diez minutos o más cada hora para cerrar los ojos y practicar mindfulness tal como se explica en la parte tercera de este libro. Desde Europa viajo con frecuencia a Asia, Australia y América y al practicar mindfulness durante el vuelo, el jet lag disminuye notablemente.

Los minutos y las horas que pasamos viajando son valiosos. En lugar de desperdiciarlas frustrándote por los atascos o intentando hacer muchas cosas a la vez, úsalas para desarrollar la atención y claridad. Permítete un buen descanso de tus pensamientos. Disfruta de la experiencia de conducir o estar sentado.

Utilizado en forma eficiente, los trayectos pueden ayudarnos a llegar al trabajo con más energía, y a casa con más presencia. Al separar el trabajo del hogar con un viaje mindfulness, podemos mejorar el equilibrio vida-trabajo, sobre el cual hablaremos en la técnica 16, y ese equilibro nos hace más sanos y felices.

Consejos y reflexiones para viajar mindfulness

- Piensa: ¿son tus trayectos relajantes? o son momentos estresantes durante los cuales intentas hacer llamadas, escuchar la radio y analizar las próximas reuniones.
- Gestionar con mindfulness los tiempos del trayecto es una gran forma de mejorar el equilibrio y la resiliencia.
- Practicar mindfulness durante los mismos te ayudará a llegar al trabajo más centrado y volver a casa con menos estrés y más presencia.
- ¿Cuánto tiempo inviertes en trayectos? Considera utilizar al menos algunos de los ejercicios de la parte III del libro.

Técnica N.º 15

Equilibrio emocional

Trabajar en cualquier tipo de organización puede ser estresante. Cada día, tomamos decisiones y actuamos de forma que afectamos a otras personas. Aunque a veces esas consecuencias son positivas, no siempre es el caso. Cuando nuestras acciones resultan en efectos negativos para otras personas es normal que estas respondan emocionalmente, a menudo, de forma que no es buena ni para la organización ni para ellas mismas o su bienestar.

Las emociones son una parte natural del ser humano. Gestionadas hábilmente son fuente de alegría y energía. Mal gestionadas, sin embargo, pueden interponerse y pasar a ser una fuente de frustración, conflicto y arrepentimiento.

Para ser claros, el equilibrio emocional no tiene nada que ver con suprimir emociones o evitarlas, ni tampoco con darle poder sobre nuestras vidas. Tener un equilibrio emocional es justamente no dejarse llevar por las subidas y bajadas naturales de nuestras emociones. Es un estado de estar alerta a lo que sentimos, de forma de poder gestionar esas emociones de manera suave, honesta y sabia.

El equilibrio emocional se consigue con la inteligencia emocional y el entrenamiento mental que es capaz de percibir y reaccionar a las emociones cuando estas se manifiestan. Marca una diferencia significativa en el entorno laboral en cuanto a cómo la gente interactúa y trabaja conjuntamente. Esta técnica examina las bases del equilibrio emocional. Veremos por qué es importante y por qué es difícil de mantener. Finalmente veremos cómo el mindfulness sirve para guardar el equilibrio aun en medio de tormentas emocionales.

La reacción básica ante las emociones

A Thomas, el jefe de departamento de una gran empresa europea, le avisaron que debía despedir al 25% de su plantilla, muchos de los cuales habían trabajado durante años con él. Fue una de las peores tareas que le podían haber asignado. El estrés de esas comunicaciones pendientes lo mantenían despierto por las noches, disminuían su efectividad y comprometían su equilibrio y resiliencia.

Thomas sabía qué emociones sentiría durante esas reuniones de despido. Sabía que ver sufrir a gente que quería, le haría sufrir a él también. Y que ese sentimiento duraría durante horas después de la reunión. De hecho, sería raro que no sufriera ese estrés.

Compartir las emociones de los demás es normal. Son tus neuronas —espejo en acción. Explicaremos este tema en la estrategia *Alegría,* pero en dos palabras, significa que si estamos con alguien divertido, las neuronas— espejo de nuestro cerebro, hacen que también nos divirtamos. Lo mismo ocurre con la ira, la tristeza y todas las emociones.

El desafío de Thomas consistía en gestionar sus emociones profesionalmente. Sentiría pena, remordimientos y tristeza, mientras tenía que mantener la mente calmada que le permitiera poder ayudar a aquellos que recibiesen la mala noticia.

La mayoría lidiamos con nuestras emociones suprimiéndolas o exponiéndolas. El problema con intentar suprimirlas es que tienen que ir hacia algún lado. Es como presionar hacia abajo un globo, este tiene que rebotar por algún lugar. Además, suprimir las emociones requiere de mucha energía mental, energía que procede de nuestra atención y claridad. Dejar aflorar nuestras emociones ya sea agresivamente o en forma pasiva puede hacernos sentir bien en el momento, pero si es así será solo por un instante. A la larga, exponer todos los sentimientos a menudo culmina en vergüenza, arrepentimiento o desencanto.

Piensa en exteriorizar o en suprimir como los lados opuestos de un subibaja (véase Figura 15.1). Poner más peso en uno de los lados hará que pierdas el equilibrio.

Figura 15.1. Equilibrio emocional con el entrenamiento mindfulness.

En lugar de escoger automáticamente alguna de estas dos reacciones a la emoción, considera una tercera opción. A través del mindfulness podrás mantener un equilibrio emocional aun ante emociones difíciles. Las siguientes son algunas formas de lidiar con las emociones tanto en el trabajo como en la vida en general.

Mantener el equilibrio emocional

Con el entrenamiento mindfulness, desarrollamos la capacidad mental, la paciencia y el coraje de enfrentar el malestar. Al mismo tiempo, aprendemos a observar nuestras emociones con algo de neutralidad. Ponemos cierta distancia entre nosotros y nuestras emociones. En lugar de reaccionar automáticamente siendo absorbidos por las emociones, nos pausamos y tomamos un tiempo. Nos tomamos un segundo de ventaja respecto a nuestras reacciones automáticas, dándonos el tiempo, espacio y libertad de elegir conscientemente nuestras acciones.

Cuando has entrenado estas habilidades durante un tiempo, son más fáciles de aplicar. Para mantener el equilibrio emocional hay que aplicar cuatro pasos: ser consciente de la emoción, aceptarla, ser paciente y equilibrado y, elegir conscientemente la respuesta apropiada. Puesto que constantemente estamos lidiando con emociones, en la Figura 15.2 la representamos como un círculo.

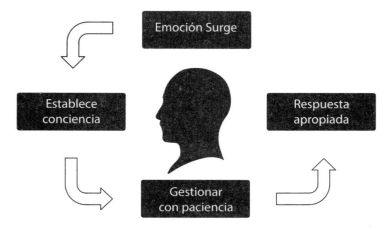

Figura 15.2. Las cuatro etapas del equilibrio emocional.

Ser consciente de la emoción

Este primer paso puede parecer obvio, pero no siempre es tan fácil como parece. En medio de nuestros ajetreados días, la

mente está ocupada con distracciones y montañas de información. Ante ese panorama, muchas veces suprimimos nuestras
emociones sin siquiera darnos cuenta. Las percibimos cuando
tienen la fuerza suficiente como para llegar a nuestra consciencia. Por lo tanto, saber que tenemos la emoción es el primer
paso.

Aceptarla con mindfulness

La segunda etapa es aceptarla, es decir, reconocerla, saber que
está ahí sin suprimirla ni expresarla. La descripción de consciencia abierta del capítulo 3 es una buena herramienta para
hacer esto. Ser capaz de ver la emoción como una experiencia y
no dejar que te dirija disminuye su poder. En lugar de pelearte
con la emoción, eres capaz de estar con ella. Para esto tu respiración puede ser muy útil. Al observar la emoción presta atención a tu respiración y deja que su pausado ritmo te calme.

Paciencia y equilibrio

El tercer paso es aplicar paciencia y equilibrio. La paciencia
consiste en tener el coraje de enfrentar el malestar que causa
una emoción. Eso te ayudará a soportar y a contener la emoción en lugar de huir de ella.

Mientras la paciencia te ayuda a estar con la emoción, el
equilibrio te permite ser neutral. El equilibrio te permite evitar
cualquier atracción o aversión hacia ella. Gracias a la habilidad
de aceptar la emoción con paciencia y equilibrio puedes mantener la atención y claridad necesarias para determinar cuál es la
respuesta más positiva y productiva a ella.

Respuesta apropiada

La última etapa es adoptar una decisión, eligiendo la respuesta más apropiada, basada en tu percepción de la emoción, su aceptación y tu paciencia y equilibrio. Por supuesto, la respuesta adecuada es diferente en cada situación.

Para Thomas significaba utilizar las cuatro etapas para mantener su equilibrio emocional durante las reuniones de despido. A pesar de que el mindfulness no podía cambiar el hecho de los despidos, sí podia cambiar la dinámica de las reuniones. Te da ese segundo de ventaja que es la diferencia entre que Thomas sucumbiera a la desesperación o que mantuviera la atención y la claridad necesaria para ayudar a las personas a ver la mejor forma de recolocarse. Puesto que sentía que estaba siendo lo más útil posible para su equipo, en lugar de quedarse atrapado en sus propias emociones, Thomas fue capaz de sobrellevar mejor lo que de otra forma podía haber sido una experiencia traumática.

Aunque es importante mantener el equilibrio emocional en el trabajo, encontrar el equilibrio entre este y el resto de nuestra vida es algo con lo que muchos luchamos y sobre lo que nos enfocaremos en la siguiente técnica.

Consejos y reflexiones para mantener el equilibrio emocional

- Aunque todos expresamos y experimentamos emociones en forma diferente, somos seres humanos que llevamos nuestras emociones a la oficina.
- Piensa en cómo gestionas tus emociones en el trabajo: ¿intentas suprimirlas o negarlas? ¿Las expresas y expones?
- Considera cómo puede serte de utilidad enfrentarlas y aceptarlas tanto en lo respecta a tu salud como en la interacción con los demás.

Técnica N.º 16

Conciliación

No hace mucho tiempo, en la era anterior a Internet y los emails, era relativamente fácil separar el trabajo del hogar. Cuando estabas en la oficina, trabajabas, y cuando estabas en casa, hacías actividades hogareñas como comer, dormir, estar con la familia y los amigos.

Pero los avances tecnológicos implican que ahora podemos llevarnos el trabajo con nosotros adonde sea que vayamos. Eso significa que la línea que separa el trabajo de la vida personal es cada vez más difusa.

Este cambio de «separación vida/trabajo» a «integración vida/trabajo» ha sucedido muy rápido. En el entorno laboral actual, muchos piensan que pueden y deben estar conectados las 24 horas, todos los días de la semana. Pero esta integración tiene consecuencias para la salud, la felicidad y el estado mental.

Esta técnica analiza la causa de los desequilibrios y aporta consejos y estrategias mindfulness para evitarlos.

Entender el desequilibrio vida/trabajo

El equilibrio vida/trabajo es un estado mental y no es el mismo para todas las personas.

Para Lucy, una directora comercial de uno de los mayores bancos de Canadá, la señal de que el trabajo estaba invadiéndola provino de su hija pequeña. Una noche, al leerle un cuento, sonó el teléfono de Lucy. Como una reacción natural. Lucy se detuvo.

—No te preocupes —dijo la hija—, contesta que ya termino de leer el cuento yo sola.

En ese momento Lucy se dio cuenta de que estaba fuera de equilibrio, que estaba en piloto automático cuando volvía de trabajar y, por lo tanto, no estaba totalmente presente en lo que más le importaba, ni siquiera presente para leer un cuento a su hija de principio al final.

Con la ayuda del entrenamiento en mindfulness no le costó mucho a Lucy encontrar la raíz del problema. Estar siempre conectada la hacía sentirse importante, pero su atención ciega en el trabajo estaba impactando negativamente en las relaciones más importantes de su vida.

Cuando la gente dice que tiene problemas de conciliación, significa que el trabajo está invadiendo su espacio. Significa que no hay una barrera que separe a uno de otro.

Aun así, el desequilibrio es solo un problema si la gente lo percibe así o si afecta a otros ámbitos de su vida. Por ejemplo, solo porque haya elegido trabajar hasta tarde preparando un informe no necesariamente significa que tengo un desequilibrio. Solo es un problema si afecta mi relación con los otros miembros de la familia o amigos. Para Lucy, el comentario de su hija hizo resaltar ese desequilibrio.

Para mejorar el equilibrio, es importante conocer primero los distintos tipos de desequilibrios y la forma a través de la cual el mindfulness puede ayudarnos. Veamos nuevamente la matriz (Figura 16.1) como un marco para explorar en profundidad las causas del desequilibrio.

Figura 16.1. La matriz y el desequilibrio vida/trabajo.

En el primer cuadrante mucha gente, como Lucy, no se da cuenta del desequilibrio. A menudo sucede con gente muy eficiente en todo lo que hace. Puesto que siempre pueden estar conectados, y siempre tienen más para hacer, los del cuadrante 1 piensan que es normal estar siempre trabajando. A menudo son inconscientes de que eso va en detrimento de otros aspectos de su vida. Solo cuando otro miembro de la familia o un problema de salud aparece, se descubre el desequilibrio. La gente de este cuadrante está muy focalizada pero en piloto automático.

Quienes están, por el contrario, en el cuadrante 3, tienen problemas con mantenerse centrados en su trabajo o en su vida personal. Pasan la mayor parte del tiempo estresados, y sobrecargados, y sin darse cuenta de que el trabajo afecta sus vidas pierden mucho tiempo en distracciones.

Los del cuarto cuadrante saben que están en desequilibrio, que están trabajando demasiado y que están permitiendo que invada otras áreas de su vida, pero a pesar de todo piensan que no tienen posibilidad de elegir. Son conscientes del desequilibrio pero creen que no pueden cambiar.

Más allá de donde te ubiques en la matriz, lo importante es contestar. ¿qué puedo hacer? ¿Cómo llegar al segundo cuadrante donde podemos encontrar el equilibrio?

Gestionar el desequilibrio

En este tema siempre habrá desafíos. Temas como un niño enfermándose la noche anterior a una gran presentación o un jefe pidiéndote que trabajes un domingo en el que le habías prometido a tu hijo una actividad. También habrá momentos en los que la demanda del trabajo no te permitirá comer o dormir bien, ni hacer ejercicio.

En otras palabras: Siempre habrá momentos de desequilibrio.

En esos momentos tienes que tomar decisiones difíciles: ¿Te quedas cuidando a tu hijo, abandonando a tu equipo en el momento de la gran presentación? ¿Le dices a tu jefe que no puedes acudir el domingo? ¿Dejas para más adelante el cuidarte bien, pensando que lo puedes aguantar aunque para entonces ya puede ser demasiado tarde?

No hay respuestas correctas a estas preguntas. El que tiene que decidir cómo gestionas tu vida eres tú, pero utilizar el mindfulness te brindará dos beneficios:

- *Atención*: El entrenamiento en mindfulness te permite sentirte menos presionado ante los desafíos diarios. Te aporta claridad mental para saber qué cosas no puedes cambiar y hacer elecciones conscientes de en dónde concentrar tu atención de forma que te sirva mejor a ti y a los demás. Además, te permite aceptar el desequilibrio, enfrentarte al malestar, observarlo y no dejar que obnubile tu mente.

- *Consciencia*: Te permite ser consciente de cuando has perdido el equilibrio. Te ayuda a evitar caer en hábitos que son poco sanos para ti y para quienes te rodean. También te ayuda a ver qué está bajo tu control y qué no.

En el segundo cuadrante de la matriz, Centrado y consciente, desarrollarás mayor resiliencia ante las adversidades y constantes desafíos de la vida. Aunque esos retos no desaparecerán, serán más fáciles de afrontar. El mindfulness te permite mantener el equilibrio mientras aceptas los desequilibrios de la vida. Te permite soltar las cosas que no están bajo tu control, ahorrando energía para dedicar a las cosas que sí puedes gestionar, reduciendo así el estrés y las preocupaciones.

Estrategias para conciliar vida/trabajo

La práctica habitual del mindfulness es poderosa, tan poderosa que permite cablear tu cerebro de nuevo ayudándote a disfrutar los buenos momentos de la vida y a ser más resiliente ante los desequilibrios. Además de la práctica regular que se analiza en la tercera parte de este libro, veamos algunos consejos:

Conciliar con mindfulness

- *Practica mindfulness durante el día*. Adicionalmente a la práctica diaria, incluye micro sesiones de mindfulness antes de comenzar la jornada laboral, antes de comer, antes de volver a casa, durante los descansos. Esta es una buena forma de monitorizar tu mente; asegúrate de que tienes claras tus prioridades, y de obtener pequeños destellos de atención, relajación y claridad durante el día.

- *Toma decisiones difíciles*. Ser más consciente de los desequilibrios hace que te des cuenta de que tienes que elegir qué hacer ante los desafíos. Con mindfulness esas elecciones se hacen con una mente clara y calmada, en lugar de una sobrecargada y funcionando con piloto automático.

- *Establece límites*. Mira las distracciones de tu vida (qué es lo que crea los desequilibrios) y pon límites. Para mucho, la principal fuente de distracción son los móviles y aparatos electrónicos. Establece límites de uso en casa tanto para tu propia paz como para la de los demás integrantes de la casa. Pon límites horarios a tu trabajo, a trabajar los fines de semana o en las vacaciones. Aunque a veces haya que hacer excepciones a esos límites, no hagas que se conviertan en la regla.

- *Planifica tiempo para ti mismo*. Piensa qué te hace sentir fresco y re energizado. Evalúa lo que haces para relajarte y si realmente te relaja o no. Si piensas que no tienes un momento para ti, tómate tiempo. Todos lo necesitan para sí mismos. Invitar a otros a realizar alguna actividad puede ser una forma de mejorar las relaciones y tomarse tiempo para uno mismo.

Piensa en aceptar los desequilibrios de la vida, de la misma forma que un kayakista enfrenta unos rápidos. A veces el agua te empuja hacia la derecha y a veces hacia la izquierda del río. A veces hasta te sumerge. Pero con suficiente práctica, tendrás la posibilidad de enderezarte. En el constante acto de desequilibrarte y volverte a equilibrar, el mindfulness puede ser la diferencia entre terminar de pie o dando la vuelta.

Consejos y reflexiones sobre conciliar

- La conciliación entre vida y trabajo es un estado mental basado en cómo percibimos y gestionamos los desequilibrios de la vida.
- Reflexiona sobre tu estado actual: ¿percibes algún desequilibrio? ¿Estás buscando formas de aceptar el desequilibrio y hacer cambios?
- Considera aplicar alguna de las estrategias presentadas durante una semana. Mira el impacto que han tenido en tu vida y en tu trabajo.

PARTE II
ESTRATEGIAS MENTALES

Cuando comiences a practicar mindfulness, es probable que descubras cosas interesantes respecto a tus pensamientos. Tu mente puede divagar, lo que hace difícil que te concentres en el presente, o tu mente puede quedarse fija en un pensamiento o experiencia, incapaz de salir de allí. En general, la mente tiende hacia patrones neuronales que no son útiles, en lugar de los que son beneficiosos para ti y para los demás.

Puedes cambiar ese patrón insano.

Hay una serie de estrategias mentales que nos pueden ayudar a cambiar patrones neuronales de reacción que no nos benefician, así como a desarrollar nuevos patrones de conducta más eficientes. En un momento, en ese segundo de libertad entre el pensamiento y la acción, estas estrategias pueden significar la diferencia entre respuestas útiles o dañinas (Figura PII.1).

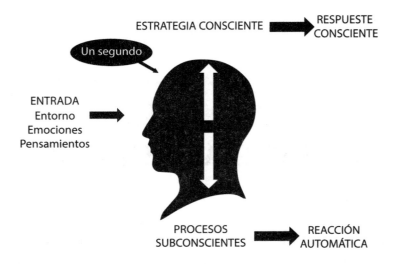

Figura PII.1. Aplicar estrategias mindfulness.

Las ocho estrategias mentales que veremos en esta segunda parte del libro: presencia, paciencia, amabilidad, mente de principiante, aceptar, equilibrio, alegría y soltar son esenciales para unir la práctica del mindfulness con nuestras experiencias diarias, dándote un segundo de ventaja respecto a tu entorno, tus pensamientos y tus emociones.

Cuanto más conviertas en hábitos estas estrategias, más rápidamente serán parte de tu modo de actuar y más habitual será tener una mente clara y calmada.

En esta parte exploraremos cada estrategia en detalle, incluyendo cómo hacer que forme parte de tu vida diaria. Aunque puedan parecer muchas cosas al principio, no tienes que incluirlas todas de la noche a la mañana. Puedes tener en mente una cada semana mientras implementas las técnicas que ya vimos en la primera parte.

Mejor aún, trabaja una estrategia a la semana e incorpórala dentro de tu entrenamiento diario. Para mantener la práctica de mindfulness diaria, utiliza los métodos que se explicarán en la tercera parte. Esta práctica diaria es la base de una vida completa.

En la práctica, estas estrategias van de la mano de la matriz que ya hemos visto en la primera parte. Mientras más transformes estas estrategias en hábitos, más tiempo estarás en el segundo cuadrante de la matriz y, por lo tanto, más eficiente y productivo serás. Toma estas estrategias como una capa más de acciones a utilizar sobre las técnicas ya vistas, para mejorar fácilmente tu calidad laboral. No reemplazan a las técnicas, ni tampoco a los métodos de entrenamiento fundamentales, pero ayudan a mitigar los pensamientos y hábitos más persistentes que son los que impiden ser la mejor versión de ti mismo en este momento.

Comenzaremos con la poderosa estrategia de la presencia.

Estrategia N.º 1

Presencia

¿Te has quedado soñando despierto alguna vez durante una reunión?

O peor, ¿has estado soñando despierto hasta que alguien menciona tu nombre y no tienes ni idea de por qué te mencionan, ni qué es lo que te están preguntando?

O menos dramático, ¿has terminado de leer un artículo y te das cuenta de que no tienes idea de qué dice?

Esas son solo algunas de las cosas que pueden suceder cuando no estás totalmente presente.

Puede que estés físicamente allí, pero estar realmente presente requiere que te involucres en lo que sucede, ya sea en una reunión, en una comida o en la lectura de un libro.

La presencia es fundamental para el mindfulness. Por definición estar presente es prestar atención a la gente, ideas y objetos que nos rodean. Este nivel de atención es la base para gestionar la concentración y la consciencia (las características básicas del mindfulness) y para mantener la efectividad mental.

¿Cuál es el mejor momento para mejorar y desarrollar tu capacidad de estar presente?

No hay mejor momento que el presente

Mikel, el director nacional de una organización sanitaria de Holanda, a menudo era criticado por sus subordinados por no dedicarles suficiente tiempo. Siempre estaba muy ocupado para ellos, y parecía que hablar personalmente con él era hacerle perder su valioso tiempo. Para Mikel, esas críticas resultaban frustrantes ya que no las compartía. Según su punto de vista pasaba demasiados ratos con su equipo. Incluso intentó corroborarlo con datos. Comenzó a anotar los momentos que pasaba con cada uno de ellos, y los números parecían darle la razón.

Sin embargo, no es de sorprender que los datos no modificaran la percepción que su equipo tenía. Después de hacer varias sesiones de mindfulness, la cosa comenzó a cambiar. A Mikel ahora le reconocían su disponibilidad y atención. Lo que sorprendió a Mikel es que no estaba pasando más ratos con ellos. Es más, cuantitativamente estaba menos tiempo, pero cualitativamente era mejor aprovechado. Era más consciente de cómo aprovechaba esos lapsos. Estaba más presente con cada persona, cada pregunta y cada desafío.

La presencia tiene varios significados según el contexto. La palabra «presente» puede referirse a «aquí», a «este momento» o a un «regalo». Cuando estamos presentes involucramos los tres significados: estamos aquí en este momento como un regalo para los demás.

Dos minutos con alguien que está totalmente presente es más poderoso y eficiente que diez minutos con una persona distraída. Solo piensa cuánto más productivo y eficiente puedes ser si estás totalmente presente. Como Mikel, puedes hacer más en menos tiempo y obtener mejores resultados.

Saca el máximo provecho al ahora

El pasado ya ha pasado y el futuro aún no ha empezado. Sin embargo, nuestra mente tiende a deambular entre los dos. A menudo, todos tenemos problemas para estar en el aquí y el ahora.

Se habla mucho hoy en día del término Trastorno por Déficit de Atención con Hiperactividad (TDAH), una condición psiquiátrica por la cual algunas personas tienen problemas para concentrarse. Poco se habla, sin embargo, del Rasgo de Déficit de Atención (RDA), un fenómeno no reconocido, pero muy real, en el cual la sobrecarga del cerebro hace que los individuos se distraigan fácilmente y se vuelvan impacientes.[55]

Según algunos investigadores, el TDAH tiene un componente genético que puede ser exacerbado por el entorno, el RDA en cambio, está sólo ocasionado por el entorno. Nadie nace con predisposición al RDA, sino que es el resultado directo de nuestras interacciones cotidianas con sus presiones y tecnologías. El psiquiatra Edward Hallowell expresó que: «Al igual que los embotellamientos de tránsito, el RDA es un síntoma de la era moderna. Está creado por las demandas de nuestra atención y de nuestro tiempo. Cuando nuestras mentes están llenas de ruido, nuestra mente pierde la habilidad de estar completamente presente».[56]

Debido a las distintas distracciones de nuestra vida (tanto internas como externas) el RDA es endémico en muchos lugares de trabajo, haciendo que hasta los más aptos tengan problemas para gestionar su tiempo y priorizar tareas.[57] Hallowell conclu-

---

55. E. M. Hallowell (enero 2005), «Overloaded Circuits: Why Smart People Underperform», *Harvard Business Review*: 55-62.

56. Hallowell, «Overloaded Circuits».

57. Hallowell, «Overloaded Circuits».

yó apropiadamente que «el RDA está convirtiendo a ejecutivos estables en improductivos alocados»[58].

A pesar de que los estudios de Hallowell se hicieron en Estados Unidos, observamos las mismas tendencias en todo el mundo. Los trabajadores modernos, de cualquier sector y cultura, cada vez tienen más problemas para mantenerse centrados en el momento presente. Desde una perspectiva neurológica, la gente está sufriendo un carrusel neuronal constante en el cerebro (véase Figura E1.1).

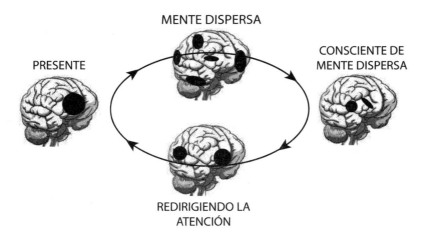

Figura E1. El carrusel constante neuronal.

Cuando estamos presentes hay mucha actividad en nuestra corteza pre frontal. Cuando la mente comienza a divagar, la actividad se dirige a la parte posterior derecha del cerebro, hacia la corteza lateral temporal, la posterior y otras regiones.

Cuando somos conscientes de que nos estamos despistando, se activan la ínsula anterior y la corteza anterior interna del

58. Hallowell, «Overloaded Circuits».

cerebro. Cuando comenzamos a redirigir la atención hacia el presente, el lóbulo parietal inferior se activa y volvemos hacia donde hemos comenzado, la corteza pre frontal. En este sentido la actividad culmina el círculo de la presencia a la dispersión y vuelve a comenzar.

Y sucede una y otra vez, día tras día, ocasionado por las distracciones internas y externas.

Pero no tienes que rendirte a las distracciones. Puedes actuar y, en lugar de entrar en el carrusel neuronal, elegir estar totalmente presente con las demás personas, tareas y con tus propios desafíos.

Para algunos, esta estrategia mental puede resultar obvia o demasiado simplista. A ellos les digo: «Nunca menosprecies el poder de la presencia».

Por ejemplo, en las oficinas centrales de una empresa global situada en el Sudeste Asiático, los empleados de los departamentos de ventas y de marketing decidieron ver qué sucedía si se mostraban intencionadamente más presentes en las reuniones con sus clientes. En lugar de preocuparse por si conseguirían la cuenta, por lo que harían luego o por la cantidad de trabajo que les esperaba en su despacho, se concentraron únicamente en el cliente que tenían enfrente. Para su alegría, descubrieron que cuando estaban intencionadamente presentes, las reuniones eran mucho más exitosas, además de divertidas. También se dieron cuenta de cuánto divagaban sus mentes y cómo eso limitaba la eficacia de las relaciones de negocios.

Estar presente en el momento es la mejor forma de utilizar tu escaso tiempo. Si no estás presente, no estás aquí y estás intentando hacer multitareas. Lo que, como ya sabemos, es un mito ya que no se pueden hacer dos tareas cognitivas a la vez. Nadie puede.

Estar presente te hace tener mayor intención en lo que haces y en cómo vives tu vida. Te ayuda a ser la mejor versión de ti.

Estar presente en el momento no requiere de un cambio en *lo que haces* sino que requiere un cambio en la atención que le prestas a lo que haces. Es una decisión consciente de estar presente en el momento.

En la realidad solo existe el ahora.

No hay otro tiempo: ni pasado, ni futuro. El único momento en el que hacemos las cosas es en el presente. En este segundo. Cultivar la presencia te ayudará a aprovechar el tiempo en cada momento.

La práctica del mindfulness es la mejor forma de aumentar tu habilidad de estar presente. Al ser consciente de cada inhalación y cada exhalación estás reconectando tu cerebro para prestar atención a cada momento.

Estáte presente en tu respiración, viviéndola sin pensar en la respiración anterior ni en la próxima, solo en ese momento. El mindfulness no es estar consciente durante diez minutos, sino ser consciente de cada respiración durante diez minutos.

A veces, queremos alcanzar un determinado estado mental durante un entrenamiento o una actividad. Pero si llegamos a un momento con nociones preconcebidas de cómo nos querremos sentir, ya nos hemos equivocado. Si ya estamos en el futuro, no hay sendero para estar presente. Estar presente es el viaje. Si te focalizas en el destino, te pierdes el momento. Si te enfocas en el camino, has llegado a tu destino.

Veremos luego la paciencia, que puede ser muy útil a la hora de reconectar nuestro cerebro y adoptar nuevos hábitos.

Consejos y reflexiones para cultivar la presencia

- Considera cuándo, cómo y por qué estar más presente te sería beneficioso.
- Adopta la decisión de estar intencionadamente consciente con un colega, un cliente, una reunión o en tu casa.
- Nota tanto las ventajas como las dificultades de estar presente en ese momento. Considera cómo puedes salvar los obstáculos que te impiden tener más presencia.

Estrategia N.º 2

Paciencia

Lene trabajaba en una gran organización gubernamental de servicios europea. Cada día se enfrentaba a los desafíos comunes de la mayoría: cómo mantenerse ella y sus dos hijos pequeños sin perder la paciencia.

Lene era abnegada. Despertaba a todos temprano con mucho tiempo para realizar las actividades matutinas, pero el mismo frustrante patrón se repetía cada día. Cuando estaban saliendo de casa, alguno de los niños tenía que volver a buscar algo, se quería cambiar de ropa, tenía que ir al baño comer, o simplemente estaba disgustado por algo que le hizo alguno de sus hermanos.

Nunca era la misma cosa, pero siempre había algo.

Aunque Lene conocía bien el patrón, siempre reaccionaba con frustración. En lugar de darles a los niños el espacio y la atención que la situación demandaba, se estresaba y enfadaba. A menudo levantaba la voz, aun cuando eso solo empeoraba la situación, porque se la enfadaba más y esto drenaba su energía. Para cuando llegaba al trabajo ya se sentía cansada y sobrepasada.

Para Lene, el practicar la estrategia de la paciencia modificó su mundo. Con más perspectiva sobre sus reacciones y algunas ideas sobre opciones alternativas, Lene se inspiró para cambiar su conducta.

Esta no es una historia especial. La vida está llena de desafíos que ponen a prueba nuestra paciencia. A menudo reaccionamos inconscientemente a las dificultades con patrones que tenemos muy interiorizados, y el resultado no suele ser muy positivo. La paciencia, o la habilidad de tolerar la incomodidad, puede ser una estrategia efectiva para escoger una respuesta racional en lugar de una reacción impulsiva. Un viejo adagio dice que «un momento de paciencia durante un momento de rabia te ahorra mil momentos de arrepentimiento». Esto se aplica a la vida en general y, por supuesto, también en el trabajo.

Para comprender mejor los patrones neurológicos en los que se basan nuestras reacciones es útil mirar a nuestro cerebro triuno.

El cerebro triuno

El cerebro humano está compuesto de tres partes, por eso se denomina triuno, porque es tres en uno. Las tres partes son la reptiliana, la límbica y la corteza (véase Figura E2.1).[59]

El cerebro reptiliano se formó primeramente, data de unos 225 millones de años y se especializa en las necesidades básicas de supervivencia.

El siguiente es el cerebro límbico que data de unos 170 millones de años y se desarrolló cuando nos convertimos en «seres protectores», es decir, en individuos preocupados por el bienestar de su descendencia. A esto se dedica este sector, es la fuente de los sentimientos y estados de ánimo.

---

59. P. D. MacLean (1990), *The Triune Brain in Evolution-Role in Paleocerebral Functions* (New York: Plenum Press); S. T. Robin, I. M. Dunbar y S. Shultz (2007), «Evolution in the Social Brain», *Science,* Vol. 317, N.º 5843: 1344-1347.

Con tan solo 40 millones de años, la corteza cerebral ha sido la última en formarse. Es donde hacemos nuestro pensamiento racional, intelectual y lógico. Es la sede de nuestra consciencia.

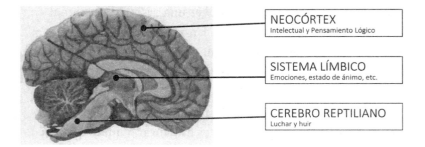

NEOCÓRTEX
Intelectual y Pensamiento Lógico

SISTEMA LÍMBICO
Emociones, estado de ánimo, etc.

CEREBRO REPTILIANO
Luchar y huir

Figura E2.1. El cerebro triuno.

Cuando nos sentimos amenazados, la amígdala, parte de nuestro cerebro reptiliano, dispara la respuesta de luchar o huir. Esto se conoce como «el secuestro de la amígdala», ya que elimina el pensamiento racional del cerebro haciendo que nuestras acciones sean descontroladas. En este modo, nuestro cuerpo se prepara o para luchar físicamente o para huir del peligro.

Este reflejo nos ha ayudado a sobrevivir como especie y es el que nos ayuda a responder a peligros inminentes. Aunque en la actualidad es raro que nos encontremos en una situación que amenace nuestra vida, también solemos encontrarnos con situaciones en las cuales nos sentimos amenazados. Precisamente por esto, por la falta de peligro físico de la mayoría de las amenazas, es mejor que elijamos racional y conscientemente las respuestas que queremos dar. Eso será mejor para nuestra efectividad y productividad, en lugar de reaccionar automáticamente.

La vida está llena de situaciones que amenazan tu agenda, tus planes, tus objetivos o tus intenciones. Aun así, no debes dejar que tu cerebro reptiliano tome el control. Para algo has evolucionado y tienes la corteza cerebral, esa que te permite elegir soluciones racionales. La que te da paciencia.

Luchar, huir o paciencia

La paciencia incluye estar calmado ante situaciones desafiantes aun cuando nuestro reflejo de luchar o huir ha sido activado. Es la habilidad de soportar adversidades, de confrontar la situación directamente y gestionarla con sensatez en lugar de por impulso. La paciencia tiene más que ver con objetivos más largos que con soluciones rápidas temporales.

Mientras que luchar/huir nos permite solucionar problemas cambiando las circunstancias externas, la paciencia nos aporta la claridad para solucionar los problemas modernos en su fuente: la mente. Al desarmar los patrones internos de reacción, la paciencia nos da un segundo de ventaja para poder ver con más claridad y actuar apropiadamente. La paciencia es el camino directo a vivir más eficientemente, centrados en la raíz de los problemas en lugar de en sus síntomas.

Por supuesto que la paciencia no surge naturalmente en todos. Algunos tenemos más la necesidad de luchar o huir que otros, pero puedo asegurar que el coraje para soportar las incomodidades es una habilidad que puede ser desarrollada y alimentada. Con la práctica del mindfulness comenzamos a ver las cosas más con nuestra corteza cerebral y menos con nuestro cerebro reptiliano. Podemos, entonces, reconectar nuestro cerebro para que se acostumbre a reaccionar con paciencia.

Una vez que comiences a realizar las prácticas de la tercera parte del libro, puede que te sientas inquieto y te preguntes. «¿Qué hago aquí sentado sin hacer nada? Tengo tanto por hacer». Esa es una perfecta oportunidad para entrenar la paciencia. En lugar de rendirte, encuentra el coraje para soportar la incomodidad. Enfréntate con ella, no cedas ante el impulso de levantarte, ni intentes ignorarla. Si huyes de ella, podrás estar seguro de que te la volverás a encontrar en algún momento. Una experiencia no placentera solo puede ser verdaderamente solucionada en la mente.

A continuación, veremos que la amabilidad puede ser mucho más estratégica de lo que piensas.

Consejos y reflexiones para cultivar la paciencia

- Piensa si ser más paciente te podrá traer beneficios y por qué, tanto en el trabajo como en tu casa.
- Reflexiona sobre situaciones específicas en donde se te ha activado el reflejo luchar/huir y te ha vuelto impaciente.
- La próxima vez que te encuentres en esa situación, respira hondo, concéntrate en tu respiración hasta que te calmes. Intenta observar si te estás dejando llevar por el cerebro reptiliano o por la corteza cerebral.
- Si es algo que te sucede a menudo, considéralo como una gran oportunidad para practicar la paciencia.
- Sé paciente contigo mismo mientras practicas esto. Se requiere esfuerzo para sobrellevar la ira y la frustración. Intenta hacerlo conscientemente.

Estrategia N.º 3
Amabilidad

Todos queremos ser felices y nadie quiere sufrir. Pero no siempre actuamos conforme a nuestros mejores intereses o en el de los otros. Cómo y por qué hacemos cosas que nos perjudican varía en cada persona.

Párate a considerar qué significa esto para ti.

Si es cierto que todos queremos ser felices y no sufrir, ¿qué necesitamos de los demás para ser felices? A menudo la respuesta es simple: presencia, atención, respeto, comprensión y aceptación.

¿Qué necesitan los demás par ser felices?

Exactamente las mismas cosas.

En cierta forma, todos somos expertos en hacernos felices.

¿Qué significa ser amable?

Probablemente hayas escuchado hablar de esta regla de oro: «Trata a los demás como te gustaría ser tratado». Uno de los pilares fundamentales del mindfulness es similar: «Pueda yo ser feliz y pueda hacer lo posible para que seas feliz». Este pilar puede ser sintetizado por la palabra amabilidad.

La verdad es que todos somos expertos en hacer felices a los demás. Pero si todos queremos ser felices y todos sabemos hacer felices a los demás, ¿por qué no somos felices todos juntos? La explicación más común es que vivimos vidas ajetreadas y a menudo nos olvidamos de hacer las cosas que sabemos que son importantes, como respetarnos a nosotros y a los demás y buscar la felicidad para nosotros y los otros. En medio de los plazos límites y las demandas laborales, nos olvidamos de la amabilidad.

Ser amable no quiere decir que siempre tengamos que agradar a los demás y ser simpáticos. Una de las mejores cosas que puedes hacer por otro es darle una opinión honesta y constructiva. No ayudas a nadie diciéndole que está en un nivel superior al que se encuentra en realidad. Según mi experiencia, hasta despedir a alguien puede ser un acto de amabilidad, y si esta es la que conduce ese acto, la experiencia para todos los involucrados puede resultar muy positiva.

La amabilidad también puede ser buena para la cuenta de resultados. Por ejemplo, pensemos en las motivaciones de una empresa consultora de gestión. Cuando una empresa contrata a un consultor se supone que lo hace para aprovechar su conocimiento y habilidades. Para que estos conocimientos y habilidades se trasladen a los resultados, se requiere de interacciones humanas efectivas.

Durante un programa realizado en Nueva York con una serie de consultores, el tema salió a la palestra: «¿Cómo puede la amabilidad ayudarnos en nuestro trabajo cotidiano?» La gente se paró un momento a reflexionar, ya que no se habla mucho de amabilidad en el sector de la consultoría de Nueva York.

Después de un tiempo, uno de los consultores indicó que posiblemente si se intentara conscientemente de utilizar la amabilidad con el cliente, se podrían mejorar los resultados en la implementación de las recomendaciones del consultor. Así, este grupo comenzó a considerar la amabilidad como un factor destacable de competitividad. Decidieron probar estableciendo la norma de acudir a las reuniones con la intención de ser amables con el cliente y ver los resultados. Lo primero que constataron es que las reuniones con los clientes eran más relajadas, fáciles, agradables y productivas. También percibieron un impacto positivo en su tarea profesional, así como con los colegas y hasta con la familia.

De hecho, no son solo los demás los que se benefician de nuestra amabilidad, sino que puede ser la mejor forma de cuidar de ti mismo. Al ser el opuesto neurológico de los estados mentales poco placenteros, la amabilidad no solo pacifica las tendencias negativas, sino que las extirpa de raíz.

No hay lugar para la ira en una mente amable.

La ciencia de la amabilidad

La amabilidad tiene efectos positivos científicamente comprobados en tu bienestar tanto físico como psicológico.[60] Cuando eres amable, tu sistema inmunológico es más fuerte, eres más creativo, tienes mejores relaciones sociales y aumenta la alegría de vivir. Mientras que la ira, lo opuesto a la amabilidad también tiene efectos a largo plazo, pero no positivos: mayor riesgo de ataque cardíaco, dolores de cabeza crónicos y un aumento en una serie de enfermedades y hasta disminución de la vida.[61]

---

60. J. Vahtera, M. Kivimaki, A. Uutela, J. Pentti (2000), «Hostility and Ill Health: Role of Psychosocial Resources in Two Contexts of Working Life», *Journal of Psychosomatic Research*, Vol. 48, N.º 1: 89-98.

61. G. Rein, M. Atkinson y R. McCraty (1995), «The Physiological and Psychological Effects of Compassion and Anger», *Journal of Advancement in Medicine*, Vol. 8, N.º 2: 87-105.

Martin Seligman, el investigador líder en psicología positi-va, descubrió a través de un estudio que el impacto de actuar amigablemente con los demás puede medirse en tu nivel de feli-cidad hasta ocho semanas después de haber realizado el acto de amabilidad.[62] Pero antes de ser amable con los demás, debemos serlo con nosotros mismos. Si no lo somos, será muy difícil, si no imposible, que lo seamos con los demás.

Recuerda las instrucciones de seguridad de los aviones: «En caso de emergencia, primero póngase la máscara de oxígeno an-tes de ayudar a otros» ¿Por qué debes ayudarte primero a ti mis-mo? Porque no serás de mucha utilidad muerto. No hay nada de heroico en perder el conocimiento por intentar ayudar a otros.

De la misma forma, el primer paso para desarrollar amabi-lidad es ser amable con uno mismo. Tómate un descanso, no te castigues por errores que hayas cometido. Trátate a ti mismo como te gustaría que te trataran, con respeto y comprensión. Cuando te cuidas a ti mismo, estás en condiciones de ser ama-ble con los demás.

Tenemos un poder tremendo para escoger cómo vivir la vida, y también para decidir cómo debemos responder ante un estímulo de nuestro entorno. Si nos permitimos responder per-manentemente con ira a las frustraciones, nuestra mente adqui-rirá ese patrón de respuesta. Si nos entrenamos para alterar el patrón de respuesta y reaccionar con amabilidad, ese será nues-tro nuevo patrón. Todos tenemos la libertad de cultivar las cua-lidades que queremos amplificar y reforzar en nuestras vidas. Todos tenemos ira y amabilidad, nos corresponde a nosotros decidir a cuál queremos alimentar.

---

62. C. Peterson, N. Park y M. E. P. Seligman *et al.* (2005), «Orientations to Happiness and Life Satisfaction: The Full Life vs. the Empty Life», *Journal of Happiness Studies*, Vol. 6: 25-41.

Para aumentar tu capacidad de amabilidad incorpora esta estrategia en tus ejercicios de mindfulness diarios. Esto incluye tanto a tus compañeros de trabajo como a tus sesiones de mindfulness.

Consejos y reflexiones para cultivar la amabilidad

- Considera los beneficios que te podría aportar ser amable, tanto en tu entorno laboral como en el familiar.
- Practica aplicar la amabilidad en esas situaciones y evalúa los resultados.
- Considera ver la vida y experimentarla a través de la amabilidad en todos lados. Deja que sea la actitud básica con la que experimentas lo que te sucede.
- Cuando practicas mindfulness deja que la amabilidad inunde todo lo que estés experimentando.
- Mientras más lo practiques, más reaccionarás con amabilidad ante distintas situaciones, debido a las conexiones neuronales que has creado.

Estrategia N.º 4

Mente de principiante

Hace unos años fui al bosque con mis hijos, cuando de repente uno gritó exaltado. Al ir a ver qué sucedía, lo vi con un pedazo de corteza de abedul. Para mí no tenía nada de interesante. Para él, sin embargo, era un tesoro. Me explicó que la quería utilizar como si fuera un lienzo para pintar.

Cuando mi otro hijo se acercó a ver el gran hallazgo, también se emocionó, tomó la pieza de madera, la lanzó al aire y esta planeo un trecho. «El avión perfecto», manifestó. Cuando la madera aterrizó, mi hija la vio y dijo: «Un bote», y llevó la madera hasta un arroyo y la puso a navegar.

Lo que para mí era un mero pedazo de corteza sin ningún valor, era al mismo tiempo un lienzo, un avión y un barco.

Donde yo era víctima de mis limitaciones perceptivas, mis hijos veían potencial y posibilidades. Los japoneses tienen una palabra para esta habilidad: *mitate*. Traducido vendría a decir algo así como «mirar de nuevo».

Según mi experiencia, mirar de nuevo es fundamental para el éxito de los negocios. Sin esa habilidad tendremos una visión antigua de nuestro mercado y de nuestra competencia. Nos volveremos complacientes y podemos encontrar de pronto que hemos perdido el tren. Pregúntale sino a Nokia, que pasó de tener el 49.3% del mercado en 2007 a un humillante 3% en 2013.

¿Cómo pudo pasar? Una frase dicha en 2007 por su entonces CEO, Olli-Pekka Kallasvuo, lo sintetiza todo: «Desde el punto de vista de la competencia, el iPhone no es más que un producto nicho». La historia y el mercado difirieron.

En la práctica del mindfulness llamamos a la habilidad de ver las cosas con una nueva perspectiva, mentalidad de principiante, y fue esa falta de mentalidad de principiante la que causó que Nokia menospreciara el nuevo producto y acabara prácticamente en la bancarrota.

Hay dos obstáculos naturales que suelen interponerse entre nosotros y la mente de principiante. Estos son: *la percepción habitual y la rigidez cognitiva.*

Ya lo hemos visto antes

Imagina que estás mirando una rosa por primera vez.

Puesto que nunca has visto algo similar, te fijas en su color, la suavidad de sus pétalos, en su fragancia y en sus espinas.

La primera vez tu mente crea una carpeta llamada «rosa» en la que almacena estas cualidades.

La próxima vez que veas una rosa, tu mente la reconocerá enseguida y la asociará con la imagen mental que tiene de la misma, por lo que es más probable que veas la imagen que tienes guardada que el propio objeto que tienes por delante.

En lugar de verla como una rosa en particular, tu mente la ve como «otra rosa».

Otros animales tienen experiencias similares. En un estudio, se puso individualmente a ratas en la puerta de entrada de un laberinto. Con un sonido la puerta se abría y el animal podía ir a buscar su trofeo de chocolate.

Al principio, el cerebro de las ratas estaba en alta actividad mientras recorrían el laberinto. Después de un par de veces la actividad disminuía notablemente y solo se activaba al escuchar el sonido de la puerta y al encontrar el chocolate. (véase Figura E4.1). Las ratas habían desarrollado una percepción habitual y ya no veían al laberinto de la misma forma.[63]

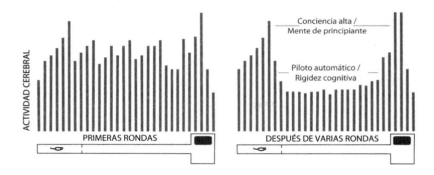

Figura E4.1. Desarrollo de la percepción habitual.

Esto no es algo necesariamente malo. La vida sería muy pesada si no tuviéramos la habilidad de reconocer rápidamente las cosas que ya hemos visto antes. En evolución se llama a esto «reconocimiento de patrones» y es uno de los grandes logros de la humanidad. Piensa que no podrías hacer muchas cosas si cada vez que fueras a escribir algo tuvieras que pensar primero cómo funciona un bolígrafo y cómo se utiliza.

---

63. Ann M. Graybiel (1998), «The Basal Ganglia and Chunking of Action Repertoires», *Neurology ofLearning andMemory,* Vol. 70; Charles Duhigg (2012), *The Power of Habit,* New York: Random House.

Aun así, la asociación automática entre algo que tenemos frente a nuestros ojos y una imagen mental, el proceso neurológico llamado «percepción habitual» puede traernos problemas, porque ocasiona que no puedas ver lo que tienes a la vista. De hecho, lo que ves tiene más relación con la realidad que crea tu mente basado en tu historia y hábitos que con los objetos reales. Es decir, que has programado tu mente para ver las cosas de cierta forma. Cada rosa es la misma rosa.

Y las rosas no es lo único que percibimos habitualmente.

En nuestra interacción con otras personas, nuestro trabajo, y nosotros mismos, a menudo nos limitamos con percepciones habituales. Nos volvemos rígidos cognitivos, lo que no nos ayuda a innovar o ver nuevas soluciones a viejos desafíos y menos aún nuevas soluciones a nuevos desafíos. Al contrario, la rigidez cognitiva hunde nuestra efectividad y rendimiento, tanto profesional como personalmente.

Afortunadamente, nadie está condenado a la rigidez cognitiva o a la percepción habitual. Ver las cosas de forma diferente, con mente de principiante, es una elección que podemos hacer.

Desaprendiendo las percepciones habituales

Tanto en casa como en el trabajo, los mismos problemas aparecen una y otra vez.

¿Qué pasaría si en lugar de ver estos reiterados desafíos de la misma forma, los viéramos con otros ojos? ¿Seríamos capaces de confrontarlos más eficientemente?

La ciencia dice que probablemente sí.

Un estudio de la Universidad Ben Gurion analizó el impacto de la práctica del mindfulness en la rigidez cognitiva. Evaluaban específicamente cómo resolvían un grupo de personas unos problemas.

Al inicio eran problemas que requerían fórmulas complejas para poder ser resueltos. Luego presentaron problemas mucho más sencillos. Después de resolver los difíciles con fórmulas complicadas, les costaba resolver los otros problemas de forma sencilla.

Se le atribuye a Einstein la frase: «Un problema no puede ser resuelto en el mismo nivel mental que lo ha creado». Sabía de lo que hablaba.

En cierta forma, los participantes del experimento quedaron cegados por la dificultad de los primeros problemas y, aun cuando los siguientes eran mucho más fáciles, no podían ver las soluciones sencillas.

Después de un entrenamiento en mindfulness durante ocho semanas, los resultados de las mismas personas mejoraron notablemente. Sus mentes eran menos rígidas, lo que les permitía ver cuáles eran realmente los problemas a los que se enfrentaban, en lugar de funcionar con sus percepciones habituales.[64]

¿Qué tiene el mindfulness que ayuda a la mente a ser más flexible?

Es ese segundo de espacio, ese segundo de libertad que Jacob identificaba en el capítulo 1. Ese segundo es la diferencia entre caer en patrones de comportamiento habituales o elegir ver las cosas tal como son en la realidad.

La práctica del mindfulness nos enseña que no debemos dejarnos llevar por las percepciones habituales y que las asociaciones automáticas no tienen por qué ser tan automáticas. En

---

64. J. Greenberg, K. Reiner y N. Meiran (2012), «Mind the Trap: Mindfulness Practice Reduces Cognitive Rigidity», *PLOS,* DOI: 10.1371/journal. pone.0036206.

ese segundo entre ver la rosa de nuestra imagen mental, o ver la rosa que tenemos en la mano, podemos elegir ver la rosa de otra forma.

La habilidad de ver la realidad tal cual es, o al menos no quedar enganchado en viejas formas de verla, es la esencia de la mente de principiante. Sin esta mente nos encerramos en nuestra experiencia y en las percepciones habituales. Con una mente de principiante vemos las cosas con nuevos ojos y una mente abierta.

Por suerte, la elección es nuestra.

Elegir una mente de principiante

Durante un programa sobre seguridad y salud ambiental realizado para una empresa petrolera canadiense en Alberta, descubrimos aplicaciones muy poderosas de la mente de principiante. Una de las principales funciones del equipo es asegurar que los trabajadores cumplan con los estándares de seguridad y protección ambiental. Conocer lo fácil que resulta que la gente vea las cosas de forma habitual tuvo mucho impacto en el equipo.

Se dieron cuenta de que la forma en la cual estaban transmitiendo los mensajes sobre seguridad no estaban llegando a sus destinatarios, ya que no captaban su atención ni mantenían la alerta ante posibles peligros. Primero miraron cómo podían ser más abiertos en la forma de transmitir esos mensajes. Luego pensaron cómo se podía mejorar la seguridad general haciendo que los operarios tuvieran más consciencia de lo que sucedía, y evitando la rigidez cognitiva.

Al reconocer sus tendencias habituales y elegir tener una mente de principiante, hubo un impacto positivo en su trabajo.

En lugar de responder de la misma forma a los problemas de siempre, buscaron soluciones nuevas. Ya no presumían de conocer las respuestas, sino que se mostraban abiertos a volver a analizar los problemas, liberando nuevas posibilidades en lugar de responder con las percepciones habituales.

Cultivar una mente de principiante puede ser una forma maravillosa de cambiar la manera en que experimentas la vida. Sin importar cuál sea tu entorno laboral, la vida diaria tiene muchas más posibilidades si la afrontas con nuevos ojos y una nueva perspectiva.

Consejos y reflexiones para cultivar una mente de principiante

- Piensa en las tareas y personas a las que tiendes a ver como negativas. Considera si tener una mente de principiante puede ser beneficioso para ti o para otros.
- Intenta aplicar la mente de principiante en esas situaciones. Fíjate cómo cambia tu experiencia y qué beneficios consigues.
- Desafíate a ti mismo a ser más curioso en la vida diaria y estate más abierto a lo que sucede momento a momento. Mientras menos presumas de conocer, más abierta estará tu mente.

Estrategia N.º 5

Aceptar

Durante un año, el equipo de marketing de una gran empresa de distribución danesa estuvo trabajando en el lanzamiento de una nueva campaña. Poco antes del lanzamiento, descubrieron que otra división de la empresa estaba planeando un lanzamiento similar para el mismo día.

Estaba claro que ambas campañas no podían salir al mismo tiempo. No tenía sentido que dos áreas de la misma empresa compitieran entre sí. Como es de imaginar, esto causó problemas y frustraciones en parte del equipo, que sentía que había desperdiciado un año de esfuerzos.

Les pregunté si habían hecho todo lo posible por intentar cambiar la situación.

Por supuesto que sí, me contestaron.

Luego les pregunté si se habían adoptado medidas para que no volviera a suceder algo similar en el futuro.

Por supuesto, fue la respuesta.

Finalmente, les pregunté si había algo más que pudieran hacer para arreglar el problema.

Derrotados, me informaron que habían analizado todas las opciones. Caso cerrado.

La suerte quiso que el tema de esa semana del programa fuera la aceptación. Al mirar el problema con una mentalidad de aceptación fueron capaces de liberar su frustración y cultivar una sensación de calma mayor.

Aceptar es la habilidad de abstenerse de hacer que una situación difícil lo sea aún más. Como bien se dio cuenta el equipo, si puedes solucionar el problema ¿por qué te preocupas?, y si no puedes solucionarlo, ¿por qué te preocupas?.

Un buen marco para analizar esto es considerar qué es lo que está dentro de tu círculo de influencia y qué es lo que está dentro del círculo de interés (véase Figura E5.1).

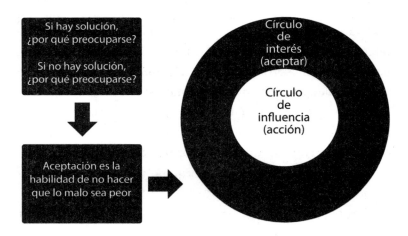

Figura E5.1. Círculo de influencia.

Si hay un problema sobre el cual puedes hacer algo, entonces debes actuar ya que está dentro de tu círculo de influencia. Si es un problema sobre el que no puedes hacer nada, no lo conviertas en peor peleándote con la situación.

La situación es la que es.

Acéptala y sigue adelante, sin cargar con una batalla sin resolver.

Resistencia cero

Hay una tendencia neurológica a resistirse a las cosas que no nos gustan, aun cuando no podamos hacer nada para cambiarlas. Estamos programados para mantener la frustración; incluso cuando sabemos que sería mucho más saludable soltarla, tenemos dificultad para aceptar las cosas que nos molestan.

El sufrimiento no existe por sí mismo, sin nosotros. Nosotros contribuimos a que exista. Considera la fórmula de la Figura E5.2 que vemos a continuación, en la cual D es Dolor, R es Resistencia y S Sufrimiento.

Figura E5.2. La aritmética del sufrimiento.

Imagínate en una situación en la cual tienes diez unidades de dolor. Adicionalmente te resistes al mismo con diez unidades de resistencia. Tu sufrimiento será de cien unidades, y esto sin duda es mucho más que cero sufrimiento.

Ahora, qué pasaría si en la misma situación le oponemos cero resistencia. Aun cuando las unidades de dolor fueran mil, el sufrimiento sería cero.

El dolor en la vida es inevitable. Es una realidad de la existencia.

El grado en el que sufres a causa del mismo es opcional. Cuando ganas aceptación, aumentas tanto el espacio mental como el foco para concentrarte en las cosas sobre las cuáles sí puedes hacer algo. Dejas de preocuparte por lo que no puedes cambiar y te concentras en lo que sí.

Aceptar es poder

La aceptación es una poderosa forma de mejorar tu efectividad, y ni hablar de tu felicidad, solo por la forma en la cual percibes los obstáculos y desafíos.

Aclaremos, aceptar no implica ser un pusilánime, abandonar o ser un apático. No es pasividad. Si puedes hacer algo sobre un tema, hazlo. Sin embargo, si no puedes cambiar algo, para qué perder energía y recursos mentales para evitar algo que es inevitable.

El problema está en cómo diferenciar una situación en la cual debes seguir peleando para cambiar algo y una en la cual debes soltar y aceptar la situación tal cual es.

En muchas situaciones laborales este punto de inflexión es difícil de determinar. La clave es recordar que la aceptación como estrategia no es sobre lo que haces o no, sino sobre cómo percibes y experimentas el mundo que te rodea. Puedo aceptar que no veré la paz mundial mientras viva, pero eso no quiere decir que no siga intentándola. Significa que lo haré con una mente calmada, clara y que acepta la realidad.

Tenemos la libertad de influir en muchas cosas de nuestra vida, pero algunas simplemente no pueden ser cambiadas. Con la aceptación hacemos que muchas cosas malas no se conviertan en peores.

Consejos y reflexiones sobre cultivar la aceptación

- Considera de qué manera aceptar las cosas que no puedes cambiar te puede beneficiar. Piensa en aquellas situaciones en las que te es difícil aceptar.

- La próxima vez que te enfrentes ante una situación frustrante o descorazonadora, pregúntate: ¿he hecho todo lo que podía? Si la respuesta es «sí», entonces acéptalo conscientemente y continúa adelante. Mientras más lo hagas más fácil te resultará.

- Considera la diferencia entre aceptar y apatía. ¿Hay cosas que aceptas muy fácilmente? ¿Hay cosas que te cuesta aceptar?

- La práctica del mindfulness es una buena forma de cultivar la aceptación. Mientras estás sentado quieto, experimenta las situaciones con una mente aceptadora. Si estás inquieto tu resistencia hará la situación más difícil. Relaciónate con esa inquietud con aceptación.

Estrategia N.º 6

Equilibrio

La libertad es un estado mental, no un lugar ni una situación. La libertad libera un flujo de espacio mental y efectividad. Sue se percató de ello claramente en medio de un programa de mindfulness para una empresa de servicios australiana. Como Directora de Recursos Humanos y con dos hijos pequeños en casa, Sue tenía una vida ocupada que demandaba su tiempo y atención. Cultivar la estrategia mental del equilibrio le permitió crear libertad en medio de su ajetreada vida. Para entender a qué nos referimos por equilibrio, veamos cómo cambió la experiencia de Sue sin modificar su entorno.

La mente de Sue se veía bombardeada con aproximadamente 11 millones de bits de información por segundo.[65] A ti te sucede lo mismo cada segundo. La mayor parte de esta información proviene de tus ojos y el resto de tus otros sentidos. De todos esos bits de información hay solo siete a los que les puedes prestar atención conscientemente en un momento determinado. El resto permanece fuera de tu consciencia, aun cuando

---

65. Tor Norretranders: *Mark Verden – En beretning om bevidsthed* [Reconoce el mundo. Un informe acerca de la consciencia)] (2000), (Copenhagen: Gyldendal).

están muy presentes en tu subconsciente y, por lo tanto, tienen la capacidad de afectar tus pensamientos y tu conducta.

Respecto a los siete bits de información consciente pueden suceder tres cosas: que te guste, no te guste o que seas neutral. En el caso de Sue algunas cosas le gustaban, como que el CEO o sus compañeros la elogiasen, sentirse respetada, tener una buena oficina o que sus hijos la obedecieran. Otras no le gustaban: críticas del cliente por la tarea de su equipo, el frío o los cambios de agenda de último momento en las actividades de sus hijos.

Tus experiencias serán similares. Todas tus experiencias se juzgan en estas categorías, pero no acaba allí, cada pequeño juicio produce una reacción neurológica. La reacción natural a algo que te agrada es querer más, y a algo que no te agrada es tratar de alejarlo o evitarlo. Al igual que Sue que quiere más elogios y menos críticas.

Tómate un momento para evaluar cómo se aplica esto en tu caso. Piensa en la última vez que comiste un trozo de chocolate, o algo que te apetecía mucho. ¿Te quedaste satisfecho con un solo bocado o querías más hasta tal punto que el único pensamiento que tenías era el próximo bocado que ibas a dar? Imagina que te dan un trozo de rico chocolate y en el momento en que te lo vas a poner en la boca, te lo arrancan ¿Cómo te sentirías? ¿Sientes satisfacción y que todo está bien o experimentas resistencia? Este es un patrón de reacción natural y se explica por un proceso neuroquímico cerebral, la producción y el deseo de dopamina.

Enganchado a la dopamina

Los neurotransmisores son sustancias químicas que transmiten señales entre las células del cerebro. Dos de los más importantes son la dopamina y la serotonina (véase Figura E6.1). Juntos explican las reacciones de atracción/rechazo que experimentamos cotidianamente.

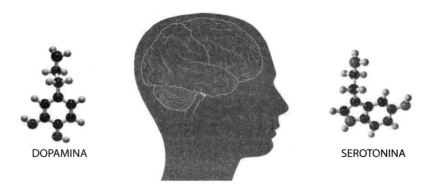

DOPAMINA

SEROTONINA

Figura E6.1. La estructura química de la dopamina y la serotonina.

La dopamina es una sustancia que nos causa alegría, satisfacción y plenitud. Cada vez que obtenemos algo que nos gusta, el cerebro libera dopamina. Nos hace sentir bien. Por eso queremos más. Aunque la dopamina es buena por razones obvias, también tiene un lado oscuro. Es adictiva.

Todas las formas de adicción (sean las drogas, el juego, la gula o los elogios de tu jefe) se basan en los deseos de tener una dosis de dopamina.

Si el elogio es la droga elegida, cada palmada en el hombro de aprobación significará la liberación de dopamina. Tu felicidad en el trabajo dependerá, en gran medida de las otras personas, y gran parte de tu energía la dedicarás a intentar hacer cosas para obtener lo que te gusta y evitar lo que te disgusta.

Afortunadamente, nuestra felicidad no tiene por qué depender de los demás y de nuestro entorno. Podemos evitar ser víctimas de nuestra adicción a la dopamina. El otro neurotransmisor, la serotonina, tiene un impacto más amplio en la mente y el cuerpo, y nos sirve para evitar las conductas impulsivas y aumentar la relajación y claridad.

Estimular la serotonina

La serotonina y la dopamina están íntimamente relacionadas. Cuando están equilibradas podemos disfrutar de una buena comida, un buen vino o un elogio sin volvernos adictos. La serotonina equilibra los efectos negativos de la dopamina, permitiéndonos ser más resilientes ante la adversidad sea una crítica o un dolor físico o emocional.

Pero ¿cómo podemos generar más serotonina y así experimentar mayor paz y libertad? Algunas investigaciones han demostrado que la práctica del mindfulness es una buena forma de aumentar los niveles de serotonina en el cerebro.[66]

Cuando te frenas a ti mismo de sucumbir ante un impulso, digamos evitar seguir comiendo algo que te gusta, la serotonina equilibra la liberación de dopamina que se había producido. En tu práctica diaria de mindfulness estás permanentemente resistiendo impulsos que buscan distraerte y mantenerte estresado. Estás entrenando la habilidad de observar tus propias experiencias, dándote la posibilidad de elegir tus respuestas en lugar de

66. Y. Xinjun, M. Fumoto, Y. Nakatani, T. Sekiyama, H. Kikuchi, Y. Seki, I. Sato-Suzuki y H. Arita (2011), «Activation of the Anterior Prefrontal Cortex and Serotonergic System Is Associated with Improvements in Mood and EEG Changes Induced by Zen Meditation Practice in Novices», *International journal of Psychophysiology*, Vol. 80, N.º 2: 103-111; B. K. Hiilzel, J. Carmody, M. Vangel, C. Congleton, S.M. Yerramsetti, T. Gard y S. W. Lazar (2011), *Psychiatry Research: Neuroimaging*, Vol. 191: 36-43.

actuar automáticamente. Cada vez que evitas reacciones automáticas, tu nivel de serotonina aumenta.

¿Eso significa que te has convertido en alguien que no disfruta nada en la vida?

Al contrario, significa que puedes disfrutar verdaderamente sin ser adicto a nada. Significa que puedes responder mejor ante las cosas que no te gustan sin tener frustración o ira. Consigues más equilibrio.

Probablemente en cuanto comiences a practicar mindfulness descubrirás que estás más calmado y que tiene menos reacciones impulsivas. Mientras más entrenado estés para resistir los impulsos automáticos, más equilibrado estarán tus niveles de dopamina y serotonina, y el equilibrio es la verdadera libertad. La libertad que proviene de uno mismo.

Consejos y reflexiones para cultivar el equilibrio

- Cuando sientas el impulso de hacer algo que te guste, para por un momento y deja que la serotonina equilibre a la dopamina.
- Identifica conscientemente en tu trabajo las tareas que te gustan y las que no. Sé consciente de las mismas e intencionadamente pospón la gratificación y haz las tareas que no te gustan primero.
- Una vez que has comenzado a practicar mindfulness, sé consciente de tus reacciones ante lo que experimentas. El simple ejercicio de observar tu respiración puede ser una fuente de alegría y paz, resultando en el deseo de permanecer así. En ese momento corres el riesgo de atarte a algo que te gusta. En otra ocasión es posible que experimentes distracciones que no te gusten. En ese momento corres el riesgo de resistirte a algo que no te gusta.
- Se entrena el equilibrio a través de ser consciente de las reacciones a todas las experiencias, buenas, malas o neutrales. Percibe cuáles son las que te atraen y cuáles las que te repulsan.
- Solo con ser consciente de estas reacciones se generan cambios. Cuando eres consciente del deseo, este disminuye porque es reemplazado por la consciencia del deseo. Cuando eres consciente de una resistencia, esta disminuye porque es reemplazada por esa consciencia. Si algo es placentero y bueno, obsérvalo neutramente sin darle un valor como para quedar atrapado a él. Si algo no es placentero, lo observas neutralmente sin pretender que desaparezca.

Estrategia N.º 7

Alegría

Antes de ver la estrategia de la alegría, haz un pequeño ejercicio. Piensa en alguien que realmente te guste.

Cierra los ojos y mira su cara. Piensa en cuánto te gusta y cómo te hace sentir. Ahora nota lo que estás experimentando en este momento en tu mente y en tu cuerpo. ¿Cómo te sientes?

¿Ha sido placentero o no? ¿Fácil o difícil? ¿Tu mente estuvo abierta o cerrada? ¿Era claro u oscuro? ¿Quieres más o no?

Ahora tómate un momento en pensar en alguien que no te gusta.

Nuevamente, cierra los ojos e imagina que está frente a ti. Piensa en cuánto te desagrada y cómo te hace sentir. Experiméntalo por un momento. Vuelve a notar lo que estás experimentando en este momento en tu mente y en tu cuerpo.

¿Cómo te sientes?

¿Ha sido placentero o no? ¿Fácil o difícil? ¿Tu mente estuvo abierta o cerrada? ¿Era claro u oscuro? ¿Quieres más o no?

Podemos aprender tres cosas de este simple ejercicio:

- Los estados mentales negativos, como la ira y la frustración no nos hacen sentir bien físicamente.
- Los estados mentales positivos, como la alegría o la felicidad, nos hacen sentir bien.

• Sentimientos como la ira o la alegría no dependen solo de lo que nos pasa a nuestro alrededor. Podemos evocarlos.

Los sentimientos provienen de nuestro interior. Como acabamos de comprobar, puedes escoger alegría o frustración según lo que te pongas a pensar que evoque un sentimiento u otro. Eso significa que podemos elegir ser felices o no. Podemos despertar sentimientos y cultivarlos en cualquier situación.

La alegría no es una excepción y hay muchas razones por las cuales cultivar la alegría en la vida.

Recarga nuestra energía y mejora el rendimiento; aumenta nuestra habilidad de hacer un buen trabajo. Como cualquier sentimiento es algo que podemos generar nosotros.

Antes de ver la alegría como una poderosa estrategia mental, veamos el impacto de la alegría en lugar de la ira sobre nuestro sistema nervioso.

Conexiones mente cuerpo

Nuestro sistema nervioso reacciona a nuestros estados mentales y lo que sentimos mentalmente afecta de manerasignificativa a nuestro cuerpo físico.

En particular, cuando nos sentimos amenazados o estresados, nuestro sistema nervioso parasimpático entra en modo «luchar/huir», igual que cuando estamos ante un peligro. Cuando estamos relajados, nuestro sistema nervioso parasimpático está en modo «descansa/digiere», es el sentimiento parecido al de después de una buena comida. En este estado estamos más abiertos a disfrutar el momento.

Entender el impacto de nuestro estado mental en nuestro cuerpo es importante para mejorar el bienestar y el rendimiento. Cultivar la alegría nos permite equilibrar nuestro sistema nervioso cuando percibimos un peligro, dándonos ese segundo de ventaja antes de responder ansiosamente, y hacerlo con calma y claridad. También nos puede ayudar a dormir mejor y digerir la comida más eficientemente.

Simplemente, la alegría equivale a cuidar mejor del cuerpo y la mente. Cuando somos felices haciendo algo expandimos nuestros recursos mentales y físicos. Somos mejores resolviendo problemas, estamos más tranquilos y aprendemos más rápido. Nuestras habilidades sociales se fortalecen haciendo más fácil construir nuevas conexiones sociales y fortalecer las existentes. Nuestra capacidad física aumenta y nuestra salud mejora. Desde un punto de vista psicológico desarrollamos más estabilidad y optimismo.[67]

Para algunos, la noción de alegría puede parecer poco realista o demasiado optimista. No lo creas. La alegría puede tener un poderoso impacto en nuestro sistema nervioso y es relativamente fácil de cultivar.

La alegría también es contagiosa.

Neuronas espejo

En un estudio publicado por el *British Medical Journal*[68], los investigadores han descubierto que la felicidad es un fenómeno colectivo. En otras palabras, la felicidad no es algo que poda-

---

67. B. L. Fredrickson (2003), «The Value of Positive Emotions», *American Scientist*, Vol. 91: 330-335.

68. J. Fowler y N. Christakis (2008), «Dynamic Spread of Happiness in a Large Social Network: Longitudinal Analysis over 20 Years in the Framingham Heart Study», *British Medical Journal*, Vol. 337, N.° a2338, doi:10.1136.

mos disfrutar solos. De hecho la felicidad se puede encontrar hasta con tres grados de separación. Cuando eres feliz tiene un efecto medible y contagioso en la gente que te rodea. En otras palabras, no solo la alegría tiene un impacto positivo en el propio sistema nervioso, sino que también ayuda a otros a sentirse calmados y relajados.

Los humanos somos seres muy sociales. Consciente o subconscientemente miramos a los demás para saber cómo debemos comportarnos y sentir en determinadas circunstancias. Los científicos han detectado lo que llamaron «neuronas espejo»[69] en el cerebro que muestran la tendencia que tenemos a copiar los sentimientos que otra persona está sintiendo. Es la razón por la cual un bebé que sonríe nos puede hacer sonreír, o por la cual una persona querida a la que vemos apenada nos puede hacer llorar.

Si estás junto a alguien alegre, es contagioso. Por el contrario, si estás con alguien deprimido o enfadado con el mundo, también se puede contagiar.

Teniendo en cuenta lo fácil que nuestra conducta puede impactar en los demás, vale la pena detenerse a pensar en formas por las cuales la alegría puede beneficiarte a ti y a tu organización. Cuando llevas ansiedad, irritación, estrés y frustración al trabajo es importante considerar el impacto que tendrá en tus colegas.

Seamos claros. No estoy diciendo que sea fácil estar siempre alegre, ni tampoco debemos ser duros con nosotros mismos cuando nos sentimos frustrados. Todos tenemos vidas ajetreadas y poco tiempo, los estados mentales positivos pueden fácilmente verse sumergidos por la avalancha de actividades diarias.

---

69. D. Lohmar (2006), «Mirror Neurons and the Phenomenology of Intersubjectivity», *Phenomenologyfand the Cognitive Sciences,*Vol. 5, N.º 1: 5-16.

Afortunadamente, podemos entrenarnos para tener más alegría en nuestra vida. No necesitamos esperar a que nos llegue, podemos elegir estar alegres.

Alimentar la alegría

En una organización sin fines de lucro de Singapur, cuando se trató este tema se produjo una larga discusión.

Primero, se cuestionó si era importante la alegría en el lugar de trabajo, especialmente cuando debían tratar con personas que estaban atravesando problemas graves de salud. La directora financiera creía firmemente que alegría era algo que sentía en su casa o cuando iba a hacer compras, pero que no era algo que correspondiera al trabajo. También le preocupaba que mostrarse alegre ante la gente que estaba sufriendo era algo que estaba mal.

Otros directivos pensaban en las posibilidades que podría dar la alegría para mejorar el equipo, y que esta no consiste en saltar por las paredes, sino que se puede encontrar en servir a las personas.

Finalmente, el grupo decidió alimentar la alegría en el equipo para reducir el estrés y aumentar la presencia y la amabilidad en la atención de los pacientes. Se convirtió en una estrategia el hecho de incorporar intencionadamente este estado anímico en el lugar de trabajo.

En el ejercicio de principios de capítulo demostramos que la alegría la podemos generar internamente. Podemos hacer lo mismo en nuestro trabajo. La oficina puede ser un gran lugar para incorporar la alegría a nuestra práctica mindfulness diaria.

Consejos y reflexiones para cultivar la alegría

- La alegría es directa. Solo tienes que buscarla cuando estás sentado quieto, en una sonrisa o en una carcajada, en los momentos que salvan el día.
- La mayoría estamos siempre conectados y corriendo de un lado a otro. La clave para cultivar la alegría es disfrutar de tus actividades diarias. Esto es especialmente cierto si al hacer tu práctica diaria de mindfulness lo ves como un regalo que te haces para cada día.
- En tu entrenamiento mindfulness diario, date la oportunidad de dejar de lado tus ambiciones y tus listas de cosas por hacer. Simplemente siéntate, valora cada respiración y cada momento con alegría. Los pocos minutos al día que pienses en estas estrategias son tu tiempo, disfrútalo con alegría.

Estrategia N.º 8

Soltar

Marie era la responsable de desarrollar una nueva y compleja estructura organizativa para la división de una gran empresa financiera europea. Eso significaba que el futuro laboral de cientos de personas estaba en sus manos.

Marie era consciente de la responsabilidad que tenía. Tan consciente era que llevaba esta carga a su casa. Esa distracción hacía que Marie no estuviera presente con su familia.

Cuando se iba a dormir estaba exhausta. A pesar de que necesitaba descansar, los pensamientos sobre el trabajo la tenían dando vueltas toda la noche.

Muchos experimentamos ese problema alguna vez. Somos incapaz de desconectar nuestra mente para poder dormir. Algunos tienen problemas para dejar de lado los pensamientos cuando cambian de tarea y hay quienes tienen problemas para dejar el trabajo en el camino a casa.

La práctica del mindfulness puede ayudarte a soltar un pensamiento antes de que se enrede con otro. Mientras mejores seamos soltando pensamientos, más flexibles será nuestra mente. En cierta forma es similar a cuando liberas espacio en un ordenador, este funciona mejor. Soltar pensamientos reduce el desorden de tu mente.

Hay una palabra tibetana que describe perfectamente el desafío de soltar las cosas: *nam-tok*.

Nam Tok

Imagínate reposando en una playa paradisíaca lejos de tu hogar. De pronto, un pensamiento sobre el trabajo cruza tu mente. Eso es un *nam*, un pensamiento aislado que ocurre en tu mente.

Pero normalmente la mente no se detiene allí.

Tok es la palabra que describe al segundo pensamiento que se produce como consecuencia del primero. Si tu trabajo *nam* comenzó con un plazo amenazante, los *toks* relacionados pueden tener que ver con lo que tienes que hacer para poder cumplir con ese plazo. Suelen haber varios toks por cada *nam*. De hecho, puede haber toda una cascada de pensamientos relacionados, dependiendo de cómo reaccionemos al primer *nam*.

Para Marie, los *toks* eran la raíz de su problema. Este no eran los pensamientos originales sino los relacionados, que eran los que no la dejaban dormir cuando más lo necesitaba. Y la falta de sueño reducía su concentración en el trabajo y su presencia con la familia. Era un ciclo vicioso.

Pero Marie tenía un plan para soltar peso.

Como parte de un programa general de su empresa comenzó a practicar diez minutos diarios de mindfulness. También comenzó a observar de dónde fluía ese torrente de pensamientos con la intención de cortarlos de raíz. Típicamente, sus pensamientos comenzaban a correr en cuanto sonaba la alarma del despertador. Para alterar ese ciclo vicioso, decidió tomar la señal de la alarma como un indicador de que debía dejar de lado sus pensamientos y hacía cinco minutos de mindfulness antes de salir de la cama. Esos cinco minutos le permitían levantarse con una mente mucho más clara para comenzar mejor el día. También mejoró su sueño y estaba más presente con sus hijos.

Soltar es una estrategia simple pero poderosa. Veremos algunas formas a través de las cuales podemos cultivar mejor tu habilidad para soltar.

Consejos y reflexiones para soltar

- Cuando identificas un problema que te sigue a todos lados, de tarea en tarea y de casa al trabajo, retenlo mentalmente. Aísla el *nam* antes de que los *toks* se reproduzcan. Después de retenerlo y observarlo, suéltalo, y luego enfócate en lo que estés haciendo en ese momento.
- Una vez que te comprometas con la práctica del mindfulness, proponte soltar cualquier pensamiento que aparezca, y las distracciones también. Suelta tu deseo de concentrarte en una cosa en especial. Suelta tus expectativas acerca de resultados. Suelta todo. Simplemente estate presente.
- Usa la relajación para soltar tus pensamientos. Pensar crea tensión en tu cuerpo. Cuando relajas tu cuerpo también relajas tus pensamientos. Relaja tu cuerpo y deja que la relajación mental se imponga. Luego concéntrate en respirar para ayudar a soltar pensamientos y poder estar en el presente, una respiración a la vez.
- Cuando comienzas a explorar la naturaleza de tus pensamientos, te encontrarás con que algunos son muy difíciles de soltar. Considéralo como una oportunidad de reformatear tu cerebro para soltar con mayor facilidad. Cada vez que uno de estos pensamientos difíciles aparece, reconócelo y fíjate si lo puedes soltar o no.

PARTE III
PRÁCTICAS FUNDAMENTALES

Hasta ahora hemos visto las distintas técnicas para ser más consciente y eficientes en el trabajo, así como las estrategias mentales para cultivar cualidades como la paciencia, la amabilidad y la alegría. Espero que gracias a haber puesto en práctica esos consejos hayas cambiado algunos hábitos y patrones de pensamiento y que, por lo tanto, hayas liberado espacio en tu mente para ser más eficiente en tu vida.

Obviamente, el mindfulness es mucho más que una serie de técnicas para ser más eficiente en el trabajo. En esencia, el mindfulness es como ir a un gimnasio mental y, momento a momento, ser capaz de reconectar los caminos neurológicos de tu cerebro. Mindfulness es entrenamiento, es trabajo, pero un trabajo placentero.

El entrenamiento mindfulness es una inversión. Requiere de tiempo y de esfuerzo. Aunque muchos argumentan que no tienen tiempo para el mindfulness porque están muy ocupados, yo disiento. La práctica del mindfulness es más importante cuanto más ocupado estoy. Mientras más cosas tengo que hacer, más entreno. Es mi forma de asegurarme de que esté centrado, calmado y efectivo, y que no deje que mi mente se llene de basura.

Ahora veremos el verdadero entrenamiento mindfulness. Esta parte del libro consiste en entrenar tu mente, pero disponiendo para ello de un tiempo diario. En los capítulos 2 y 3 te introduciré a los dos principales métodos del entrenamiento mindfulness: (1) Atención clara, que aumenta tu concentración general, claridad, calma y efectividad en la vida, y 2) consciencia abierta que aumenta tu percepción y tu visión acerca de qué es lo que te hace genuinamente feliz.

El capítulo 4 brinda una guía detallada sobre cómo entrenar sistemáticamente para aumentar la atención y la consciencia y poder poner en práctica las técnicas y estrategias aprendidas. Juntos, reformaremos tu vida con solo diez minutos diarios.

2
Entrenar la atención

Como muchos de nosotros, Susanne estaba constantemente ocupada. Era directora de una gran farmacéutica francesa y su agenda estaba llena de la mañana a la noche. Ningún día parecía ser lo suficientemente largo como para hacer todo lo que tenía que hacer.

Es más, su lista de cosas para hacer era una lista de las cosas que no había hecho el día anterior. El hecho de no poder concentrarse en hacer una tarea a la vez hasta terminarla, hacía que la lista fuera creciendo, lo que era fuente permanente de frustración.

Aunque sus estrategias para planificar y organizar su trabajo funcionaban relativamente bien, se sentía estresada y sobrepasada. Probó todos los métodos de gestión del tiempo, pero ninguno le ayudó a recuperar el control.

Susanne necesitaba probar algo nuevo. Más que una estrategia, necesitaba centrarse, así que en lugar de seguir con la misma táctica y esperar resultados distintos, Susanne decidió probar la práctica del mindfulness.

Después de unos pocos meses de práctica, comenzó a notar una gran diferencia. «Miro mi agenda y veo que estoy tan ocupada como siempre, pero no me siento igual. Estoy ocupada, pero mucho más relajada y concentrada».

El entrenamiento mindfulness, y el entrenamiento en centrarse en especial, no significa tener menos responsabilidades o hacer menos cosas, ni organizarse diferente. Consiste en ver tus distracciones y no dejar que tomen el control.

Para Susanne, esa atención significó la diferencia entre sentirse fuera de control o desarrollar un buen equilibrio entre sus distintas tareas. En sus propias palabras: «Es como si tuviera más capacidad de ver lo que tengo que hacer sin que me pese. Puedo mantener las cosas en perspectiva. Eso me ha dado más paz mental y más disfrute en mi trabajo y en mi vida».

¿Y quién de nosotros no desea tener más estabilidad y equilibrio? ¿Quién no necesita mayor claridad mental?

Según mi experiencia, la gente que entrena diez minutos diarios, 5 a 7 veces por semana, consigue un gran aumento de la concentración en su trabajo en un breve período de tiempo. Evaluadores imparciales y encuestas internas han estimado consistentemente una mejora de un 15% en la capacidad de mantener la concentración.[70]

Entrenar la atención es fácil, pero requiere un esfuerzo. Nuestros pensamientos no siempre son fáciles de gestionar. Las dificultades para entrenar la atención pueden ser tu propia fuente de frustración, pero también pueden ser fuente de alegría y calma una vez que te acostumbras. Para ello necesitas soltar tus expectativas. Los sentimientos de frustración, calma, o incluso de felicidad no son indicativos de éxito o fracaso por sí mismos. El éxito del entrenamiento es evitar que tu mente divague y que, en su lugar, consiga atención, claridad y relajación. Es la capacidad de

---

70. Basado en las investigaciones del profesor Jochen Reb de la Management University de Singapur, sobre los programas realizados en Carlsberg e If Insurance. Al momento de publicación, estos resultados han sido presentados en conferencias pero aún no publicados. Se pueden ver algunos resultados en: www.youtube.com/potentialproject y encontrarás todos los resultados publicados en www.potentialproject.com.

concentrarse en medio de las distracciones. Tener un segundo de ventaja respecto a cualquier cosa que pueda reclamar tu atención.

El objetivo de este capítulo es explicar cómo entrenar la atención puede ayudarte a gestionarla. Juntos comenzaremos por ver un proceso simple que facilita la concentración. Luego veremos las tres cualidades necesarias para tener un alto rendimiento, y acabaremos con un repaso de los sustanciales beneficios asociados al entrenamiento de la atención.

El método ABCD

El entrenamiento mindfulness no es pasivo. Es una intervención activa en la red neuronal del cerebro. Cada momento que te mantienes centrado, creas nuevas conexiones y habilidades neuronales. Gracias a la neuroplasticidad, mientras más practicas, más fuertes se vuelven estas conexiones neuronales, y más fácil se hace mantenerse centrado.

Para facilitar el entrenamiento de la atención, hemos destilado el proceso en un método simple de cuatro aspectos con un acrónimo fácil de usar: ABCD (véase Figura 2.1). Cada elemento del método se describe en detalle más abajo:

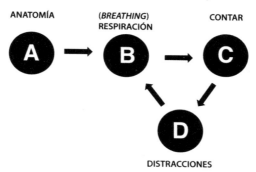

Figura 2.1. Entrenamiento de la atención ABCD.

Anatomía: encontrar la postura correcta

Puede parecer extraño comenzar un entrenamiento mental hablando de anatomía, pero se ha comprobado la influencia de las posturas corporales en el estado mental.

Cuando entrenas tu estado mental, es importante, sobre todo al comienzo, que tu cuerpo no interfiera. Para encontrar una buena postura durante la práctica, estos consejos te serán de mucha utilidad.

Pasos para sentarse cómodamente

- Siéntate en una silla con los dos pies bien asentados en el suelo. Busca el equilibrio. No te inclines ni hacia adelante, ni atrás, ni a los lados.
- Siéntate con la espalda recta, pero relajada. Sentarte recto te ayudará a estar despierto y alerta.
- Relaja tu cuerpo tanto como puedas. Presta especial atención a tu cuello, hombros y brazos, los lugares donde la mayoría cargamos la tensión. Date un tiempo para descargar toda la tensión que sientas. Si te ayuda, gira tu cuello alrededor de los hombros. También inspira profundamente y relájate mientras exhalas.
- Pon las manos sobre tus rodillas o tu regazo.
- Cierra los ojos. Si te da somnolencia, ábrelos un poco. Dejar que entre un poco de luz activa tu sistema nervioso. Si optas por mantener los ojos abiertos, mira hacia abajo con una mirada suave.
- Respira a través de la nariz.

Puede que encuentres útil buscar durante unos minutos los puntos de tensión por todo tu cuerpo y cuando los encuentres descargarlos. Hay que conseguir estar alerta pero relajado. Un cuerpo más relajado permite una mente más relajada, ambos son requisitos para entrenar la atención.

Con el tiempo, es cada vez más fácil entrar intencionadamente este estado mental. Reconocerás pronto las señalas y evitarás que la somnolencia se apodere de ti.

Una vez que estés sentado, cómodo, relajado, busca algo que ancle tu atención.

Breathing. *La respiración es el ancla de la atención*

¿Has estado alguna vez en un barco? No un crucero, sino algo más pequeño, como una barca o un barco de vela.

Resulta imposible permanecer en un mismo lugar si la embarcación se mueve a causa de las olas o el viento. Para evitar las derivas tienes que echar el ancla.

Una mente distraída es como un pequeño barco a la deriva, cambia de rumbo constantemente sin un destino claro. Para gestionar tu mente dispersa, necesitas un ancla para tu atención. La respiración o *breathing* (la B del ABCD) es el ancla que te ayudará a entrenar la atención.

Aunque en teoría puedes elegir cualquier otra cosa para que te sirva de ancla, la respiración tiene dos ventajas importantes: estimula el sistema nervioso parasimpático, lo que te permite descansar y relajarte mejor, y siempre está disponible. No importa donde estés, tu respiración siempre estará contigo. Veamos unos consejos para respirar bien.

Pasos para anclarse con la respiración

- Centra toda tu atención en la experiencia de respirar. Sé consciente de como se expande tu abdomen cuando inhalas y como se contrae cuando exhalas.
- Si centrarte en tu estómago no te surge naturalmente, céntrate en los orificios nasales y siente como entra y sale el aire.
- Deja que la observación de tu respiración sea natural y sin esfuerzo. No es necesario respirar más despacio o más profundamente. No tienes que controlarla, solo obsérvala como si vieras las olas del mar desde la playa. No intentas controlar las olas, solo miras. Aunque puede resultar un desafío, la observación neutral es muy importante para el entrenamiento.

Cuando tu cuerpo y tu mente están relajados y te centras en la respiración; contar las respiraciones puede ayudar a no distraerte.

Contar para mantener la atención

Aun cuando un barco esté anclado, siempre existe la posibilidad de que una ola grande o una tormenta aparezcan para romper la tranquilidad. De igual forma, cuando estás sentado tranquilamente centrado en tu respiración, es casi inevitable que aparezcan pensamientos intrusivos y distracciones. Contar las respiraciones (la C del método ABCD) es una gran forma de mantenerse centrado.

Veamos unos consejos para mantenerse concentrados.

Contar para no distraerse

- Inspira y espira. Cuando termines de exhalar, cuenta «uno». Una breve y sucinta cuenta mental. Una nueva exhalación y «dos». Sigue hasta diez y luego cuenta hacia atrás hasta uno. Repite el ciclo (véase Figura 2.2).

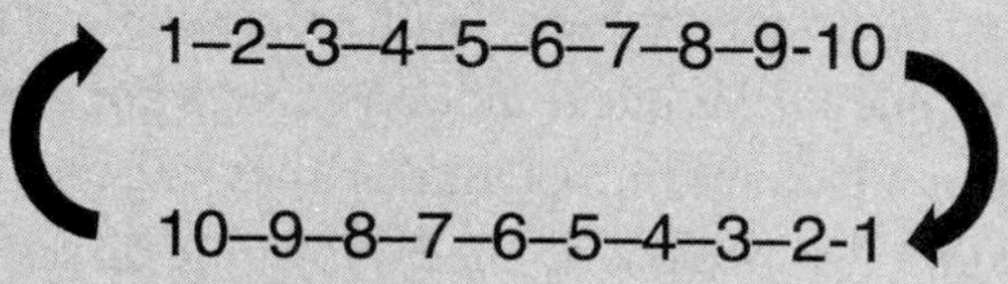

1–2–3–4–5–6–7–8–9-10

10–9–8–7–6–5–4–3–2-1

Figura 2.2. Contar tus respiraciones.

- Si tienes dificultades para contar más de tres o siete sin perder la atención, no te preocupes. El objetivo de contar no es ver cuántos ciclos haces, sino que es una herramienta para mantener la atención.
- Si de pronto te ves contando 37 es que estás contando en automático y no estás prestando atención. Comienza de nuevo en uno. Si ves que has dejado de contar, comienza de nuevo.
- Si descubres pensamientos que cruzan tu mente es que no estás prestando atención a tu respiración. Centra toda tu atención en la respiración de forma relajada.

Para la mayoría de la gente, contar es de gran ayuda para mantener la atención, especialmente cuando son noveles. Sin embargo, algunas personas sienten que contar les distrae. Si es tu caso, deja de hacerlo y simplemente siente la respiración.

Cuenta si te ayuda. No cuentes si te distrae.

En la práctica del mindfulness siempre es bueno tener en cuenta que el fin es tener una mente y un cuerpo relajado y calmado. Si alguna de las técnicas no te sirve, agradece el hecho de saber que no te sirve y convierte eso en la oportunidad de conseguir tu propia técnica que sea más eficiente.

Distracciones: relaja, suelta, retorna

En el entrenamiento mindfulness, las distracciones son tus mejores amigas, ya que son las que te indican que vas por mal camino.

¿Qué es una distracción? Cualquier cosa que no sea tu respiración es una distracción. Y puede provenir de seis fuentes: olor, sabor, tacto, vista, sonido y de la propia mente. Cualquiera que sea su origen, lidiaremos con ellas con la misma fórmula: relaja, suelta, retorna.

Gestionar las distracciones

- Relaja: cuando sientes que te distrae un pensamiento o una sensación, percibe si crea alguna tensión en tu cuerpo. Intenta descargar la tensión. Relájate. Reconoce el hecho de que te han distraído. En lugar de sentir enfado o frustración, piensa en la distracción como un buen amigo, uno que gentilmente te recuerda que tu atención se ha desviado. Toma cada distracción como un momento para ser celebrado. Después de todo, si has sido consciente de la distracción, es que tu mente es consciente.
- Suelta: suelta las distracciones que puedan aparecer simplemente centrando tu atención en la respiración. Tu atención total solo puede estar en un lugar a la vez. Si eliges la respiración, sueltas la distracción. Sé agradecido con la distracción que te avisó de que estabas perdiendo la atención.
- Retorna: una vez que has soltado la distracción, retorna a tu respiración con una sensación de relajación y renovada concentración y consciencia.

Es probable que veas que la práctica del mindfulness es un ida y vuelta entre las distracciones y tu respiración. Algunos días habrá más distracciones que atención y otros será al revés.

Recuerda que el objetivo no es estar sentado sin distracciones. Si así fuera, nadie lo conseguiría. El objetivo es ser consciente de ellos y reconocer que tienes la capacidad de recuperar la atención a través de tu respiración. Es la aplicación consciente de la atención lo que es esencial para este entrenamiento.

Al entrenar así, estás fortaleciendo y preparando tus redes neuronales para cuando llegues a tu trabajo. Estás entrenando a tu mente para que preste atención a una tarea sin importar las distracciones que aparezcan y re direccionando tu atención hacia la tarea escogida. Estas dos habilidades son muy importantes en el entorno laboral moderno.

Las tres cualidades principales del Mindfulness: relajación, atención y claridad

En el entrenamiento de la atención, hay tres cualidades esenciales para una mente de alto rendimiento: relajación, atención y claridad. Estas tres características se aplican a cualquier situación en la cual debamos gestionar eficientemente nuestra atención: cuando necesitamos estar presente con los demás, cuando estamos trabajando y cuando estamos entrenando nuestra mente.

Estas tres cualidades nos ayudan a rendir al máximo.

Nos dan una ventaja frente a las distracciones. Nos dan un segundo de ventaja.

También nos dan el antídoto a los tres principales desafíos que experimenta la gente durante el entrenamiento mindfulness: tensión, hiperactividad y somnolencia. La tensión se combate con relajación, la sobreactividad con atención y la somnolencia no es rival para la claridad. Veamos algunos consejos para cada método.

Sobreponerse a la tensión con relajación

Tal vez tus hombros estén tensos después de trabajar, o tengas dolor de cabeza por el estrés.

Sin importar cómo se manifieste, todos estamos programados neurológicamente para producir. Sea en el trabajo o en casa, estamos bajo la presión de hacer las cosas rápido. La presión constante para rendir, crea patrones neurológicos que tensionan el sistema nervioso.

Cuando practicas mindfulness, puede que te veas inmerso en este modo de alto rendimiento. Se ve como antinatural estar sentado quieto, especialmente cuando hay tanto para hacer. Con ese espíritu de productividad, puedes verte tentado a seguir las instrucciones para meditar sin tener en cuenta cuál es el fin último. Pero querer ser «bueno» en la práctica del mindfulness, para poder sacártelo de encima rápido y conseguir los beneficios de una mente de alto rendimiento tan pronto como puedas, no te llevará muy lejos.

La atención solo puede provenir de una mente relajada, pero con la tensión incorporada en nuestras vidas ¿cómo podemos hacer para relajarnos? Considera estos consejos:

Cultivar la relajación

- Cuando inhales, observa tu cuerpo buscando de puntos de tensión. Al exhalar presta atención a ese punto y suelta la tensión.
- Deja que la tensión se vaya con el aire. Puede que tengas que repetirlo varias veces hasta conseguirlo. Tómate el tiempo que necesites con cada punto tensionado antes de seguir con el siguiente.
- Ten en mente esto: «La relajación es la ausencia de esfuerzo innecesario». Observa cualquier esfuerzo innecesario de tu cuerpo.
- Observa y suelta tu tensión al comienzo de cada entrenamiento hasta mejorar tu habilidad para estar alerta y relajado. De esta forma desarrollarás una mente y un cuerpo más relajado.

Recuerda: cada vez que te relajas, creas nuevas conexiones que hacen que puedas volver a relajarte más fácilmente. También generas «memoria muscular» sobre qué es relajarse y cómo puede ser disparada por una decisión mental. Con entrenamiento, gradualmente enseñarás a tus músculos a relajarse a voluntad, y eso puede hacerse justo antes de una presentación importante, una reunión difícil o cuando quieres dormirte por la noche. Un cuerpo y una mente relajados son la mejor base para desarrollar una buena atención.

Evitar la hiperactividad con atención

Una mente atenta no divaga. Una mente atenta puede enfocarse en lo que decida. Sin embargo, a veces nuestra mente está hiperactiva, y se dispersa en múltiples direcciones siguiendo cada distracción que aparece.

Aunque hay personas que prestan más atención que otras, todos pueden mejorar esta a través de la práctica. Y a pesar de tus mejores esfuerzos, a veces te costará concentrarte en tu respiración. Cuando veas que tu mente está hiperactiva, aprovecha la oportunidad para cultivar tu atención. Para hacerlo, sigue estas dos estrategias:

Cultivar la atención

- En muchas situaciones, la respuesta normal ante una mente excitada es la frustración y el resultado es intentar forzar más la atención sobre tu respiración. Aunque la aplicación de esa fuerza puede ayudarte, eso te dejará exhausto y será contra productivo para tener una mente calmada y clara. La primera respuesta a una mente hiperactiva es relajarse.
- La otra estrategia es dejar de lado las expectativas de rendi-miento. Deja que tu respiración concentre tu atención. La res-piración trabaja por sí sola. Cada inhalación es seguida por una exhalación. Pon toda tu atención en ese movimiento, sin es-fuerzo, como un observador neutral.

La habilidad de gestionar tu atención es esencial para con-seguir algo en la vida. Si sigues estas dos estrategias irás cons-truyendo conexiones neuronales, haciendo que el estado de alerta relajado sea la regla en lugar de la excepción. Este tipo de mente atenta es la base para desarrollar claridad mental, la última de las tres cualidades esenciales.

Sobreponerse a la somnolencia con claridad

Una mente somnolienta es casi tan problemática como una hi-peractiva. Aunque parezca que has conseguido los objetivos del mindfulness, estar calmado y relajado, la somnolencia no es un buen estado mental, sino que es una mente oscura, neblinosa y apática.

Una mente con claridad, por el contrario, está bien despierta. Es una mente que ve claramente y que percibe los detalles más pequeños, como una pantalla de alta definición. Estos consejos te ayudarán a mantener la claridad.

Cultivar la claridad

- Cuando experimentas somnolencia, tienes que levantar tu atención e incrementar tu consciencia. Puedes hacer esto sentándote más recto o respirando intencionadamente con más profundidad. También puedes abrir los ojos mirando hacia el suelo con el fin de evitar distracciones.
- Otra estrategia es ser más curioso respecto a la experiencia de la respiración. Experimenta cada respiración como si fueran todas distintas. Sé curioso respecto a los detalles de la respiración. ¿Dónde las has notado? ¿Cómo te han hecho sentir? ¿Quien las hace?
- Cuando experimentes cualquier sensación de somnolencia, lo primero es aumentar tu alerta. No dejes que la pesadez te invada. Recuerda el propósito del entrenamiento. Con el tiempo es más fácil. Notarás las señales antes y tendrás la claridad necesaria como para evitar que la somnolencia aparezca.

Cuando tienes una mente clara durante tu entrenamiento, percibes todos los detalles de tu respiración. También notas inmediatamente cuando te distraes. De igual forma, en el día a día, puedes percibir las expresiones de la gente y leer su estado mental. También comienzas a ver las oportunidades que tiene cada desafío. Al tener un segundo de ventaja respecto a tus reacciones automáticas, puedes ver los potenciales antes que las limitaciones. Por eso es tan importante ser consciente de los tres desafíos y las tres cualidades cuando hagas tu entrenamiento ABCD.

Cuánto cambiaría tu vida su pudieras enfrentarte con una mente clara y relajada a todas las situaciones y presiones a las que te enfrentas cotidianamente. Al entrenar las tres cualidades de relajación, atención y claridad, tendrás la habilidad de que solo con un par de respiraciones profundas te encontrarás en un estado mental relajado, atento y con claridad mental para afrontar las situaciones más difíciles. Como lo describió David, un alto directivo de una empresa de servicios norteamericana: «El entrenamiento de la atención me ha dado la habilidad de estar calmado y con la mente clara aun en medio del caos de la vida diaria».

Por supuesto que el mindfulness es muy personal, en el sentido de que cada uno lo experimenta a su manera. Aun así, hay algunos resultados que todos pueden esperar.

Los beneficios del entrenamiento de la atención

Si ya has comenzado a entrenar tu atención, es posible que te preguntes si lo que experimentas es normal o no. En las siguientes páginas veremos los beneficios más comunes que la gente experimenta:

Mejora de la atención

Naturalmente, este es el principal objetivo. Aunque muchas personas experimentan notables mejoras en su eficiencia, habilidad de concentración y calidad de sueño, algunos miden su progreso basado en lo bien o mal que consiguen centrar su atención en la respiración.

Eso puede se confuso.

A veces la gente piensa que no está haciendo progresos, cuando sí lo está. Eso sucede especialmente cuando la gente tiene expectativas irrazonables o cree que el propósito del entrenamiento es no distraerse nunca. Pero hay que entender que por el hecho de que tu mente divague durante la práctica del mindfulness, no quiere decir que no estés haciendo progresos.

Sí estás progresando.

Cuando comienzas a entrenar la atención, esta mejora naturalmente, así como aumenta el espectro de tu atención. Cuando esto sucede comienzas a detectar cosas que nunca habías visto. Te das cuenta de todo un nuevo nivel de distracciones que estaban allí, pero de las cuales no eras consciente.

El objetivo de la práctica del mindfulness no es que puedas permanecer sentado y quieto, y mantener la atención en la respiración. Consiste en mejorar la habilidad de que te concentres en las cosas más importantes de tu vida: tu trabajo, tus compañeros, tu familia. La mayoría nota un impacto en estas áreas a las pocas semanas. Intenta relajarte y disfrutar de los beneficios que estás experimentando, aunque al principio solo sean diez minutos al día de quietud y paz en tu vida.

Aumentar las respuestas en lugar de las reacciones

Hay muchas cosas en esta vida que están más allá de nuestro control. No podemos controlar el clima, el tránsito o la opinión de nuestro jefe. Pero sí podemos controlar nuestra respuesta. Eso hace que surjan una serie de importantes preguntas a considerar: ¿dejaremos que las circunstancias externas o la opinión de otras personas nos impacten negativamente, o le daremos la vuelta y veremos como una fuerza el no reaccionar?.

Crear una brecha entre el estímulo y la respuesta nos da la libertad de responder a estas preguntas y escoger cuándo y cómo contestar. Este es el segundo que separa la respuesta intencionada de la reacción instintiva. Es el segundo de ventaja necesario para adoptar decisiones. Es también la base para tener claridad, paz mental y bienestar.

Cuanto más entrenes tu atención más grande será la brecha entre reacción y respuesta. Cuando avances en la práctica, sabrás reconocer a tus pensamientos antes de que terminen de formularse y así podrás soltarlos antes de que se materialicen. Es esta habilidad la que genera la poderosa brecha entre estímulo y respuesta. Así tenemos más control sobre nuestra vida, abrimos la puerta a la posibilidad de elegir, y somos menos víctimas de nuestras circunstancias.

Aumento de la creatividad

Supongamos que estás en medio de tu entrenamiento diario de diez minutos y de pronto te viene a la cabeza la solución a un problema que vienes acarreando durante semanas.

¿Qué haces?

Abres los ojos y escribes lo que se te ha ocurrido o la observas, la reconoces como una distracción y confías en que volverás a recuperarla para cuando hayas terminado el entrenamiento.

¡Qué decisión!

Uno de los maravillosos beneficios del entrenamiento de la atención es que cuando eliminas el desorden de tu mente, afloran las ideas creativas. Como ya vimos en la técnica para aplicar el mindfulness a la creatividad, hay muchas razones por las cuales estar más relajado, atento y con la mente clara genera ideas creativas. Pero ahora, que estamos viendo formas de apoyar el entrenamiento de la atención, lo mejor será soltar esa idea como cualquier otra distracción.

¿Por qué?

Por dos razones. Primero porque cuando comienzas a entrenar verás que muchas ideas comienzan a florecer y aunque parezca divertido disfrutar de todas esas ideas que florecen, no estarás haciendo lo que tienes que hacer, que es entrenar tu mente. Sentarte y pensar sobre grandes ideas no es lo mismo que entrenar tu mente. Por eso, lo mejor es tomar esa idea como una distracción más, y volver a enfocar tu mente en la respiración.

La segunda razón es porque es importante desarrollar confianza en el procedimiento. Uno de los beneficios del entrenamiento de la atención es la mejora de la memoria. Ten fe en que si la idea era realmente buena, volverá a surgir una vez terminado el entrenamiento. Y es posible que retorne con más atención. Como nos contó Kathrin, una comediante australiana: «Cuando no estoy persiguiendo las ideas durante el entrenamiento, las suelto y sigo con mi respiración, y descubro que después del entrenamiento las ideas regresan con más claridad. Es una forma maravillosa de lograr la calma y a la vez dejar espacio mental para ideas realmente grandes».

Mayor paz y felicidad

Imagina que tuvieras mayor habilidad para concentrarte de forma relajada, con una mente menos reactiva y más clara, ¿cómo crees que cambiaría tu sensación de bienestar y felicidad?

Uno de los principales efectos del entrenamiento de la atención es que la gente se encuentra más calmada, menos estresada y capaz de disfrutar más de la vida. Juntos, eso puede ser una receta poderosa para mejorar el bienestar y aumentar la felicidad.

Para evaluar la felicidad tu propia experiencia es la mejor medida. Presta atención a tus niveles de felicidad a medida que vas entrenando. Pregunta a quienes te rodean si notan algún cambio. A veces es más fácil para los demás detectar cambios en ti.

Además de la autoevaluación subjetiva, hay investigaciones que demuestran la relación entre el aumento de la atención y la felicidad. Matthew Killingsworth y Daniel Gilbert, investigadores de la Universidad de Harvard descubrieron que cuando la mente divaga, aun con pensamientos placenteros, nuestra experiencia subjetiva de felicidad no aumenta. Sintetizaron la esencia de sus hallazgos así: «La mente humana es una mente dispersa, y una mente que divaga no es la mente más feliz. La habilidad de pensar en cosas que no están sucediendo en este momento es una habilidad cognitiva que tiene sus costes emocionales».[71]

Es decir, cuando no estamos atentos al presente, con lo que sucede en el aquí y el ahora, cuando dejamos que nuestra mente divague, somos menos felices. Inversamente, el mismo estudio reveló que una mente atenta, definida como una mente que está presente en lo que sucede en cada momento, es más feliz que una mente que se dispersa con cuestiones positivas del pasado o del futuro.[72]

---

71. M. A. Killingsworth y D. T. Gilbert (2010), «A Wandering Mind Is an Unhappy Mind», *Science 12*, Vol. 330, N.º 6006: 932.

72. Killingsworth y Gilbert, 932.

La ciencia está llegando a las mismas conclusiones que los maestros del mindfulness han descrito durante miles de años, al decir que una mente atenta conduce directamente a mayor satisfacción mental. Cuando la mente está atenta, se convierte en una fuente inagotable de alegría y paz interior.

De la atención plena a la consciencia abierta

Cuando conseguimos soltar nuestras expectativas, el entrenamiento de la atención puede ser muy tranquilizador y rentable. Es el punto de partida para desarrollar una mente de alto rendimiento, una que esté relajada, atenta y clara, tanto durante los entrenamientos como durante el resto del día.

Pero el mindfulness no acaba aquí.

Al entrenar la consciencia abierta, como veremos en el próximo capítulo, darás un paso más. Durante ese proceso, la atención plena te aportará visiones acerca de la naturaleza de tu mente y la forma para conseguir optimizarla. Con el entrenamiento de la consciencia abierta desarrollarás una vista panorámica que te ayudará a ti y a los demás en cada situación, ya que podrás elegir a quién y a qué le prestas atención y a qué no.

3
Entrenar la consciencia abierta

Ribur Rimpoche era un respetado maestro de mindfulness del Tíbet. A la edad de 36 años fue arrojado a una prisión china por sus relaciones budistas.

En los siguientes 17 años fue torturado cada día.

Ante tanta brutalidad, cualquiera se hubiera quebrado. La mayoría hubiera endurecido sus corazones contra sus torturadores. Sin saber si lo soltarían, lo volverían a torturar o siquiera si seguiría vivo al día siguiente, la mayoría hubiera caído en la desesperación.

Rinpoche fue una excepción a esa regla.

Aun en cautividad, siempre siguió practicando el mindfulness tal como lo había hecho siempre. Aunque su cuerpo era víctima de sus carceleros, su mente estaba libre.

Increíblemente, una vez que lo soltaron, tenía la misma fortaleza y alegría de vivir que antes. Lo más sorprendente es que tenía una gran empatía con los guardias que lo habían torturado. Habiendo estado en el lado del torturado, tenía gran compasión por el sufrimiento que debían haber pasado los guardias mientras le tenían que infligir las torturas.

¿Cómo es posible que una persona soporte tanto dolor y aun así salga con alegría y compasión por sus torturadores?

La respuesta: consciencia abierta.

Consciencia abierta es la habilidad de observar tu mente. Es un entrenamiento que te hará conocer el funcionamiento de tu mente y de qué manera eso hace que experimentes cambios en tu vida. La consciencia abierta te ayuda a no ser una víctima de las circunstancias que solo puede reaccionar automáticamente ante las situaciones a las que se enfrenta. Te ayuda a tener una relación distinta con tus pensamientos y con el mundo que te rodea. Te da la claridad mental que te permite tener un segundo de ventaja respecto a la reacción, sin importar la situación. Con la consciencia abierta, el piloto automático no es ya el mecanismo de respuesta habitual, sino que cataliza la habilidad de relacionarte con los eventos en tu mente, dando una nueva sensación de claridad para tu vida y trabajo.

Ribur Rinpoche es solo uno de los que ha sido capaz de atravesar situaciones extremas y salir fortalecidos de las mismas. Estas personas son una prueba de que no son las circunstancias en sí las que nos ocasionan problemas, sino que es la forma en la que nos relacionamos con ellas.

Sin embargo, esto no es fácil de internalizar, y no sucede de la noche a la mañana. Sería genial que pudiéramos evitar reaccionar a los retos que nos presenta la vida. Desafortunadamente no es tan fácil de conseguir. No podemos reprogramar nuestros procesos de pensamiento, diciéndonos simplemente que tenemos que pensar de otra forma. No existe el interruptor que nos permita fácilmente eliminar nuestros prejuicios, mirar más allá de nuestras frustraciones o soltar el dolor.

Por eso la práctica de la consciencia abierta es tan valiosa.

Te dará la oportunidad de experimentar, con mayor entendimiento, que tus pensamientos están en la raíz de tus problemas.

En el capítulo anterior vimos cómo desarrollar la atención, pero por sí sola puede ser cegadora y centrarse en cualquier cosa distinta a la respiración, puede ser una distracción como adónde ir de vacaciones o qué tengo que comprar. La consciencia abierta le da a la atención, dirección e intencionalidad. Juntas te ayudarán a consumir tu tiempo, energía y atención conscientemente, aumentando tu eficiencia en la vida y en el trabajo. Juntas, la consciencia y la atención, pueden darte ese segundo de ventaja que marca la diferencia entre simplemente subsistir o avanzar.

Veamos entonces cuáles son las pautas básicas para entrenar la consciencia abierta y algunas de sus visiones específicas así como qué es lo que puedes ganar con ellas.

La elección es tuya

Imagínate sentado en tu ordenador durante un intenso día de trabajo. Has estado de reunión en reunión y ni siquiera has tenido tiempo para recuperar el aliento, y menos para comer.

De pronto una serie de emails entran en tu bandeja una avalancha de pedidos y preguntas. Sientes cómo la presión comienza a crecer mientras piensas en todo lo que tienes que hacer. Y ahora esto, toda una nueva serie de distracciones que llegan sin aviso.

Alternas el ida y vuelta entre estos emails y las tareas que tenías pensado realizar haciendo lo posible por cumplir con todas a la vez, pero sintiendo que no avanzas.

Una situación bastante común para la mayoría de nosotros, ¿no?

Ahora, en lugar de dejar que la nueva distracción te consuma, imagina que eres consciente de la existencia de la misma, pero que no te distrae. Imagina que en lugar de contestar inmediatamente cada email cuando aparece la señal de aviso, tienes la posibilidad de elegir si responder o no. Al ver que no son correos urgentes, los observas neutralmente, reconoces su existencia e inmediatamente vuelves a centrar tu atención en lo que estabas realizando.

La consciencia abierta no puede minimizar las distracciones que tienes en tu vida, al contrario, significa ser capaz de verlas como lo que son: distracciones, y poder elegir a cuáles prestamos atención o no. La esencia de la práctica de la consciencia abierta es observar tus pensamientos, sensaciones emociones y tareas de forma neutral, como un observatorio mental. En este sentido es similar a la atención en la que entrenas la capacidad de ver concentradamente algo, tu respiración, como si tuvieras un telescopio. Con la consciencia abierta apuntas ese telescopio hacia el interior de tu mente y observas lo que sucede allí para entender tus propias experiencias. Esto será una fuente de mayor libertad mental y entendimiento de uno mismo.

El entrenamiento de la consciencia abierta

¿Cuánto tiempo pierdes al día en preocuparte, estresarte o en la ilusión de hacer multitareas? ¿Cuánto tiempo pierdes en intentar cambiar cosas que no puedes modificar? Para la mayoría de nosotros la respuesta es: demasiado.

Era el caso de George, el director de un equipo dentro de una gran empresa manufacturera norteamericana, que solía estar a merced de sus pensamientos, atrapado por cada uno que afloraba en su mente.

Si ya has comenzado a entrenar mindfulness, ya te habrás dado cuenta de la cantidad de pensamientos que experimentas en los diez minutos que intentas concentrarte en tu respiración. Ahora imagínate si le prestaras atención a cada uno de ellos, todo el tiempo, todos los días, como George.

Después de practicar la consciencia abierta, George entendió los patrones de sus actividades mentales: «Me he dado cuenta de que no tengo que pensar en profundidad sobre cada pensamiento que aflora en la mente. Por extraño que parezca, ahora tengo claro que hay pensamientos sobre los cuales es mejor no pensar y es mucho mejor soltarlos y que se diluyan».

Pero no se trata simplemente de soltar pensamientos innecesarios en una especie de carpeta de «ignorar». George cambió su relación con ellos: «Es increíblemente útil poder dar un paso atrás sobre mis pensamientos y darme tiempo y espacio para decidir si quiero responder y cómo hacerlo». Tomarse solo un segundo para dar un paso atrás antes de reaccionar, puede ahorrarte muchos minutos y horas de preocupación innecesaria y hábitos de trabajo improductivos.

Por supuesto que no es fácil cambiar la forma en la que piensas y miras al mundo. Por suerte existe un procedimiento simple para reconectar tu mente.

Cuando practicas la consciencia abierta no es la respiración en lo que te concentras, sino en las distracciones (véase Figura 3.1)

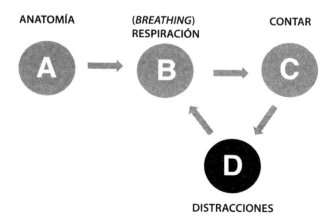

Figura 3.1. Entrenamiento de la consciencia abierta.

Comienzas con el modelo ABCD para asegurarte de que tu mente esté calmada, clara y atenta. Una vez que tienes el nivel de atención apropiado, abres tu consciencia y te conviertes en observador de tus propias experiencias. Las guías específicas para hacer esto son:

Pasos para entrenar la consciencia abierta

- Al igual que en el entrenamiento de la atención, siéntate cómodamente bajo la guía de la A de anatomía.
- Durante un minuto o dos concéntrate en tu respiración. Deja que tu mente se estabilice y calme. Cuenta tus respiraciones si te ayuda a evitar distracciones, verifica que tu mente esté relajada, atenta y con claridad.
- Cuando hayas alcanzado estas cualidades puedes abrir tu consciencia.
- Suelta la atención sobre tu respiración y céntrala en cualquier distracción que aparezca (un sonido, un pensamiento...) y ancla tu consciencia en ella.
- Observa neutralmente la distracción tal como hacías con tu respiración. No pienses en ella. No te involucres. No intentes hacerla desaparecer. Simplemente obsérvala. Si te ayuda, obsérvala como si fueran olas desde la playa.
- Date cuenta de cómo la distracción pasa a ser el foco de atención. Fíjate cómo en un momento desaparece o se convierte en otra cosa.
- Cuando una distracción desaparece, deja lugar a alguna otra. Si la distracción se va modificando, la vas siguiendo.
- Si en algún momento te sientes confuso o sobrecargado de distracciones, páusate, relájate, suelta las distracciones y vuelve a concentrarte en la respiración. Una vez que te hayas estabilizado, abre la consciencia nuevamente.

- En cualquier momento puedes volver a anclarte en tu respiración. Tienes que estar listo para recurrir a esto una y otra vez, asegurándote de que no te dejas llevar por tus pensamientos.
- Es difícil tener una relación neutral con la distracción, si sientes que comienzas a involucrarte con ella. En ese caso puede ser útil ponerle una etiqueta. Por ejemplo, si un pensamiento aparece sobre algo que necesitas comprar, puedes etiquetarlo como «compra» y observar la experiencia del pensamiento sin pensar en qué harás con él. Puedes también utilizar etiquetas como «pensamiento», «sentimiento» o «sensación», sin necesidad de ponerle calificativos.

Aunque las instrucciones son sencillas, el desafío está en ser capaz de observar tus pensamientos o sensaciones de forma neutral, sin involucrarte con ellos. Al principio, muchos consideran que el entrenamiento de consciencia abierta es muy difícil.

Pero la fortaleza mental y la libertad que consigues con este entrenamiento no puede minimizarse. Ese segundo de ventaja es la diferencia entre tener un dolor y estar en el dolor, sentir ira o ser iracundo, tener ansiedad o ser ansioso. Ese segundo puede modificar cómo experimentas el mundo y en cómo reaccionas a todo lo que sucede.

La habilidad de *observar* tus pensamientos, en lugar de *ser* tus pensamientos no solo resulta en más eficiencia y paz mental, sino que preserva tu energía. Pensar demasiado puede causar fatiga mental.

Usa la conciencia abierta como la base de tu entrenamiento durante unas semanas para desarrollar tu habilidad de observar neutralmente tus pensamientos y experiencias. Cuando te sientes capaz de responder a las distracciones deliberadamente en lugar de automáticamente puedes pasar al siguiente nivel que incluye las tres percepciones que se detallan a continuación.

Las tres percepciones

Las tres percepciones de la consciencia abierta son hechos básicos de la vida y son: Todo cambia, la felicidad es una elección, todo tiene potencial. Están relacionadas con la naturaleza del cambio, las fuentes de la infelicidad, y nuestra propia naturaleza. Cuando las comprendemos, pueden cambiar la forma en la que vivimos y nos enfrentamos a los desafíos de la vida.

Percepción N.º 1: Todo cambia

Todos hemos experimentado situaciones difíciles en la vida, desde perder un trabajo, tener una enfermedad o tener un hijo con problemas. Situaciones que nos frustran, nos violentan y ponen de mal humor y que suelen conducirnos a pensamientos inútiles.

Por suerte, nada es permanente. El cambio es inevitable.

Racionalmente entendemos que hasta la situación más frustrante cambiará. Aún así la mente suele aferrarse a las situaciones difíciles como si fuesen permanentes.

La primera percepción de la consciencia abierta consiste en un entendimiento instintivo de que todo cambia y que todo es transitorio. Todo.

Mientras más internalizado tienes el hecho de que todo cambia, más fácil te resultará enfrentarte a situaciones difíciles porque sabes que cambiarán. También valorarás más las cosas positivas que te suceden apreciándolas más mientras duren. En tu entrenamiento, mientras observas tus distracciones, cualquiera sean, pregúntate las siguientes cuestiones:

- ¿Hay algo que experimentes que no cambie?
- ¿Existe un pensamiento que no se vaya nunca?
- ¿Hay algo sólido y estático o todo es un proceso?.

Pregúntate esto una y otra vez. ¿Qué descubres? Muchos alcanzan un reconocimiento instintivo de que todo cambia, y de que cualquier distracción se va con el tiempo. Puesto que las cosas que nos disgustan desaparecerán, resistirnos a ellas es un desperdicio de energía. Por otro lado, las cosas buenas también desaparecerán, por lo que aferrarse a ellas es otroun desperdicio de energía.

¿Cuántas veces te has visto atascado en lo que te disgusta? Imagina cuánta más energía podrías tener para ser un mejor líder, padre, pareja o amigo si tan solo tomaras un segundo y dieras un paso atrás para ver la verdad de la percepción de que todo cambia.

Mientras más te entrenes en comprender que todo cambia, más fácil podrás enfrentarte a los problemas y más disfrutarás de las cosas buenas. Cuando no te aferras a las cosas que te gustan o te resistes a las que no te agradan, incrementas tu libertad.

Percepción N.° 2: La felicidad es una elección

Imagina que dos coches idénticos están en una autopista atrapados en un embotellamiento uno al lado del otro. Ambos conductores van hacia la misma reunión. Mientras el primer conductor está sentado tranquilamente disfrutando del sol matinal que entra en el coche, el segundo conductor está consumido por la frustración y la impaciencia, y todo parece estar contra él.

¿Cuál es la diferencia entre los dos? Objetivamente, si el embotellamiento fuera la causa de la frustración, ambos conductores deberían estar igual de inquietos.

La diferencia no está en la situación, sino en los conductores. Ambos están exactamente en la misma situación, pero cada uno responde de forma distinta. Uno acepta la situación de que no puede hacer nada para salir de ese atolladero y en lugar de frustrarse, aprovecha el momento para relajarse y tomarse un merecido descanso. El segundo conductor, en cambio, es su propio peor enemigo; desde su asiento, crea todo un drama que no lo acerca ni un segundo a su destino, sino que drena su energía, salud y bienestar.

Del mismo modo, lo que nos sucede no es la causa de nuestra ira o frustración. Es la forma en la que reaccionamos a eso lo que nos causa problemas. Más allá de las circunstancias externas, somos nosotros la fuente de nuestra infelicidad. Al cambiar la forma en la que vemos el mundo, tenemos el potencial de liberarnos de los problemas que nos creamos. Cuando observes tus distracciones pregúntate lo siguiente:

- ¿Este pensamiento contribuye a mi felicidad o a mi sufrimiento?
- ¿Es este pensamiento útil en el sentido de ayudarme a ser quien quiero ser en la vida?
- ¿Me ayuda esto a marcar una diferencia positiva en los demás?

Todos tus pensamientos influyen en ti si los dejas. Pero puede ser muy liberador darte cuenta del poder que tiene cambiar tu perspectiva en cualquier cosa que experimentes.

Gracias a poder observar neutralmente tus pensamientos, verás que unos crean frustración, otros ira y otros estrés. Ser consciente de esto, te permitirá decidir cuáles merecen tu tiempo y cuáles es mejor dejar ir. Al entrenar cómo ver tus pensamientos, cambias la forma en la que experimentas la vida. La consciencia abierta es el primer paso para poder hacer eso.

Hay una leyenda cheroqui de un anciano que les cuenta cosas de la vida a unos niños: «Todos tenemos dos lobos dentro de nosotros. Uno es malo, falso y arrogante, y siente celos, envidia e ira. El otro es bueno, honesto, humilde y generoso, y siente amor y empatía. Ambos pelean constantemente entre ellos».

Uno de los niños preguntó: «¿Y quién gana?»

El anciano contestó: «Aquel al que alimentes».

La consciencia abierta es necesaria para poder ver los lobos que se pelean en tu interior y la condición para poder alimentar al que prefieras.

Percepción N.º 3: Todo tiene potencial

Durante más de treinta años, psicólogos y neurólogos han buscado el centro de control de nuestro cerebro, el lugar del cual provendrían las órdenes. El centro de nuestro verdadero «yo». A pesar de los billones de neuronas que tenemos, no existe un centro de control que indique qué somos.

Desde un punto de vista científico, aparentamos ser una colección de sistemas y procesos extremadamente complejos, y a pesar de no tener un centro de control, estamos neurológicamente predispuestos a tener la ilusión de que existe un yo inherente en nosotros. Tendemos a experimentarnos a nosotros mismos como entidades bien definidas y fijas con determinadas características y especificaciones. Cuanto mayor sea nuestra sensación de nosotros mismos, mayor será la diana cuando otros hacen o dicen algo que no nos gusta. Cuanto más entendamos que no somos tan bien definidos ni simples como pensamos, menos vulnerables seremos.

Para explorar un poco más esta idea, reflexiona sobre tu experiencia hasta ahora con el entrenamiento de consciencia abierta: cuando observas tus pensamientos, ¿quién es el que observa? Si no eres tus pensamientos, ¿quién eres entonces? Piensa sobre esto y sus implicaciones.

Esto no significa que no existas, sino que no eres como crees que eres. Si te suena extraño, pruébalo tú mismo. Cuando practiques la consciencia abierta y notes una sensación fuera de tu cuerpo intenta saber quién está teniendo esa sensación. Terminarás dándote cuenta de que es imposible saber exactamente quién está experimentando la sensación. En su lugar tienes varios procesos. Hay pensamientos, sensaciones, sentimientos y sonidos, pero no podrás localizar al dueño de las sensaciones. La conclusión lógica es que no estás tan claramente definido como creías.

Estos son buenas noticias. Si no hay un dueño de una experiencia, eso abre muchas posibilidades. La cantidad de distracciones a las que te enfrentas cotidianamente pueden transformarse de problemas en oportunidades.

Todo tiene potencial.

La percepción de que todo tiene potencial y de que nuestro yo no está claramente definido significa que podemos cambiar. Podemos liberarnos de nuestras definiciones limitadas sobre nosotros mismos y sobre los demás. Nuevas posibilidades surgen ante cada cosa que encontremos. Podemos elegir definir a las personas y a las situaciones basados en que nuestras expectativas sean amplias o cerradas. Cuanto todo tiene potencial, todos tenemos la posibilidad de conseguir resultados positivos.

¿Qué es lo que puedes ganar?

Entrenar la consciencia abierta ha sido crucial en mi vida, especialmente en el aspecto profesional. Las tres percepciones me han ayudado a ver el potencial de las cosas, lo que me ha hecho más creativo tanto siedo emprendedor como líder. Me ayudaron a ver posibilidades donde otros no las vieron y me permitieron dejar de lado mis preocupaciones sobre éxito, dinero o conflictos. Me han permitido solventar situaciones difíciles con mayor claridad. Al igual que a Jacob, el abrumado gerente del capítulo 1, me han permitido tener un segundo de ventaja respecto a mis pensamientos negativos y distracciones.

Aunque nadie tiene exactamente las mismas experiencias, miles de personas en nuestros programas informan de similares resultados: mayor capacidad mental, mejores relaciones con sus pensamientos y mayor generosidad hacia sí mismos y los demás.

Mayor capacidad mental

Imagínate sentado para escribir un email importante. Mientras lo redactas, aparecen pensamientos sobre ir a jugar al golf el fin de semana o sobre cosas que tienes que comprar.

Si dejas que tu mente se involucre en estas distracciones, el email tardará mucho más en escribirse y no reflejará tu mejor trabajo. Aunque tu mente puede ser poderosa, también puede ser tu peor enemiga. Cuando se aferra a algo, positivo o negativo, puede generar su propio desorden. Todos desperdiciamos mucha energía en distracciones que no nos son útiles. En estas situaciones, a menudo nuestra mente está en piloto automático y no controlamos nuestros pensamientos.

Pero con la práctica de la consciencia abierta, estarás más alerta a las distracciones, aunque sin prestarles atención. El resultado es una mayor capacidad mental para hacer las cosas que tienes que hacer, dejándote más tiempo para ti y las personas importantes de tu vida.

Mejor relación con tus pensamientos

Mientras más miramos a nuestros pensamientos, más encontraremos que a menudo son fragmentos irrelevantes, repetitivos y aleatorios de nuestras memorias, esperanzas y experiencias pasadas. Solo porque algo atraviese nuestra mente no quiere decir que sea relevante o verdadero. Deja que tus pensamientos sean pensamientos sin involucrarte con ellos.

Tus pensamientos no son tú.

Tú no eres tus pensamientos.

Imagina a tu mente clara como el cielo. Si tu mente es el cielo, los pensamientos son las nubes. Pasan a través sin que nadie las cree y desaparecen solas. Habrá veces en que tu entrenamiento será como un día despejado, claro y nítido, libre de pensamientos y distracciones. Otras, sin embargo, sentirás que el día está nublado y que se avecinan tormentas. En esos días, imagina que te elevas como un avión sobre las nubes, donde el cielo está aún puro y claro.

Cuando entrenas tu consciencia, desarrollas la habilidad de elevarte sobre las distracciones de la vida. Sobre las nubes negras donde aún brilla el sol. Ese cambio de perspectiva puede mejorar notablemente tu relación con tus pensamientos. Son nubes pasajeras y, aunque algunas son relevantes, la mayoría solo afectan a tu productividad.

Más generoso con uno mismo y con los demás

La mayoría de la gente desea impactar positivamente en la vida de los demás, pero cuando uno está ocupado y estresado resulta mucho más difícil preocuparse por las necesidades de los demás. Es por ello que la palabra china para referirse a los negocios consiste en dos símbolos: uno significa «matando» y el otro «corazón». (véase Figura 3.2)

Matando   Corazón

Figura 3.2. El símbolo chino para describir los negocios.

La paz y quietud mental que te aporta la práctica de la consciencia abierta nos ayuda a ver con mayor claridad el momento, así como a prestar atención a lo que es importante. Como resultado de este entrenamiento, muchos ven aumentada su generosidad consigo mismos y con los demás.

El mindfulness y una vida ética están íntimamente relacionados. Por un lado, es muy difícil practicar el mindfulness si no estás conectado con tu entorno y, por otro lado, es poco probable que crees problemas cuando eres consciente.

Imagina practicar mindfulness inmediatamente después de discutir con alguien. Tu mente probablemente esté analizando la situación. Es muy difícil centrarse y estar con consciencia abierta. Es muy difícil practicarlo cuando estamos sobrecargados de emociones y pensamientos negativos.

Mientras más entrenes mindfulness, menos te verás sometido a pensamientos y emociones negativos. La razón es simple, tienes más consciencia de tus pensamientos, palabras, acciones y entorno. Por extensión, eres más consciente de cómo afectan tus palabras a otros. Esto hace que naturalmente uno busque relaciones más constructivas, que a su vez nos aportan más paz. Así, es más fácil tomar decisiones para tu vida y evitar las que te afecten a ti y a los que te rodean.

El mindfulness nos ayuda a ayudar a otras personas, y mientras más ayudamos a que sean felices más conscientes somos.

Mindfulness para la vida

Para mí la práctica del mindfulness es central en mi día. Es tiempo para mí solo. En esos momentos preparo a mi mente para enfrentar un día difícil como pareja, padre y líder de una organización internacional.

Entrenando mi atención obtengo los beneficios de estar presente con otras personas y con mis tareas. Me ayuda a estar relajado, disciplinado y a tener una mente clara y calmada, aun cuando aparecen retos.

Con esta práctica consigo la habilidad de reducir el ruido innecesario del mundo exterior, así como el de mi mente. Veo a mi entorno y a mis pensamientos con mayor percepción. Las situaciones a menudo se ven menos complejas, y los problemas son más fáciles de enfrentar.

A pesar de que el tiempo que paso en mis entrenamientos es invaluable, no mido el éxito por el nivel de mis sesiones, sino por el impacto que tiene en el resto de mi vida: mi atención, presencia y generosidad con los demás. En la parte final del libro veremos cómo aprovechar mejor los diez minutos de práctica diaria.

4
Gestionar tu vida – Siguientes pasos

Felicidades.

Si has llegado hasta aquí, significa que ya has experimentado algunos de los beneficios del mindfulness. Tal vez hayas mejorado la gestión de los emails o la eficacia de las reuniones, o tal vez hayas mejorado tu eficiencia y productividad.

Como consecuencia es probable que hayas ganado ese segundo de ventaja del que hablábamos en el capítulo 1: esa brecha de un segundo entre la distracción y la decisión que nos ofrece la oportunidad de aumentar el control y el rendimiento.

Ahora intentarás expandir lo aprendido a todos los ámbitos de la vida: tu familia, tus amigos, tu comunidad, a pesar de que este libro está dirigido específicamente a aprovechar el mindfulness para las cuestiones laborales. Pero así como el mindfulness te ha ayudado a mejorar la atención que prestas en el trabajo, también te ayudará a prestar atención en tu hogar.

Sin embargo, siempre se necesita paciencia. La práctica del mindfulness requiere tiempo. No hay un camino fácil para conseguirlo. Tampoco existen manuales ni cursos paso a paso que te allanen el camino. No puedes esperar aprender a pilotar un avión solo leyendo libros sobre aviones. El mindfulness no es distinto a otras disciplinas que requieren de coordinación física y mental.

Todos tenemos muchos proyectos en nuestra vida como tener una buena carrera, formar una familia o estar físicamente en forma, pero el mindfulness no es tan solo otro proyecto a realizar en tu vida. Los minutos en los que permanezcas sentado meditando tal vez sean los únicos que realmente sean tuyos. Permítete descansar durante esos preciosos momentos. Es tu tiempo. Es tu mente.

Es tu vida.

Este capítulo del libro es acerca de ti. Es sobre cómo disponer de tiempo para realizar tus prácticas y convertirlas en una rutina consistente de tu vida. Primero, volveremos a ver la matriz de la efectividad personal, seguido de unas guías para estructurar tus sesiones de entrenamiento diarias. Al final, veremos cómo instaurar el mindfulness en una organización.

Antes de comenzar, recuerdo que hagas lo que hagas siempre lo puedes hacer mejor con mindfulness. Las siguientes instrucciones son simples y claras. Depende de ti realizarlas o no.

Atención consciente. Recordando la matriz

Tal como hemos aprendido en los capítulos anteriores hay dos aspectos básicos en la práctica del mindfulness: 1) la atención plena, que es la fuerza de concentración que te permite sostener la atención en lo que elijas, y 2) la consciencia abierta, que es la actividad introspectiva que te dice cuándo tu atención se ha dejado llevar por las distracciones.

Ser el dueño de tu mente, y de tu vida, requiere la combinación de ambas. Juntas, la atención y la consciencia son la base de la efectividad mental y transforman tu mente en una herramienta eficiente. Esta relación se entiende mejor con la gráfica de la matriz de la efectividad mental (véase Figura 4.1) que ya vimos al comienzo del libro.

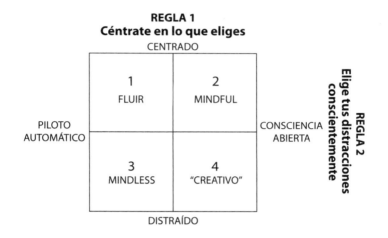

Figura 4.1. La matriz de la efectividad mental.

Dentro de la matriz, en el eje vertical se representan una serie de posibilidades entre estar completamente distraído y totalmente atento. Mientras más arriba de la matriz, más atención prestas en una tarea y reconoces que puedes dejar de lado las distracciones. Una vez entrenada esta atención puede ser mantenida durante mucho tiempo sin dificultad. Sobre cómo entrenar la atención ya lo vimos en el capítulo 2.

Yendo de izquierda a derecha, se pasa de actuar automáticamente, siguiendo patrones y hábitos prefijados, a estar abierto conscientemente. Esta consciencia es la habilidad que te permite decidir en qué concentrar tu atención. Una vez desarrollada, es natural que veas las cosas desde una perspectiva más calmada. Cuestiones que normalmente serían estresantes, dejan de serlo porque no te dejas arrastrar por ellas hacia pensamientos negativos.

Como puedes ver estos dos atributos se encuentran en el cuadrante superior derecho de la matriz. En este cuadrante 2 puedes gestionar tus pensamientos y evitar los automatismos. Es decir, que puedes elegir a qué le prestarás atención y qué acciones tomar al respecto. Eso también te permite estar siempre presente en el momento y con la gente con la que te encuentres. Gracias a la práctica sistemática del mindfulness todos podemos tener la habilidad de hacer esto en cualquier momento de nuestras vidas.

En esencia, en eso consiste tener un segundo de ventaja en el trabajo y demás aspectos de la vida.

Con el entrenamiento, pasarás cada vez más tiempo en el cuadrante 2 de la matriz. Afortunadamente eso hará que crees nuevas conexiones neuronales que te harán más fácil permanecer en el mismo. Eso hace que respondas mejor ante las situaciones a las que te enfrentes y estés más capacitado para adoptar retos. Mientras trabajas para establecer estas conexiones neuronales es probable que te preguntes cuál es la mejor forma de convertir esas prácticas en hábitos regulares.

Cómo, cuándo, dónde

A la mayoría de la gente cuando comienza un programa de prácticas de mindfulness, le surgen ciertas preguntas: cómo y con qué asiduidad debo realizarlo, cuándo entrenar y dónde hacerlo.

Cómo y con qué asiduidad entrenar

Según mi experiencia con gente de distintas culturas, un mínimo de diez minutos de entrenamiento diario de mindfulness da buenos resultados. Según vayas mejorando, puedes aumentar el tiempo tanto como quieras. Cuanto más lo hagas, más obtendrás a cambio. Al igual que con el ejercicio físico, mientras más entrenas, mejor son los resultados.

Claro que más que la cantidad, la calidad del entrenamiento es lo importante. El factor clave para el éxito es cómo de atento y comprometido estás durante las prácticas. Una buena sesión de diez minutos es mucho mejor que una de veinte con interrupciones.

En cuanto a frecuencias, recomiendo reservarse tiempo para ello. El entrenamiento diario es la mejor manera de que se convierta en un hábito saludable y de obtener resultados. La intensidad de tu práctica mejorará y tu progreso será más tangible. Siete entrenamientos cortos diarios es preferible a una larga sesión semanal, así que mejor evitar que se convierta en un proyecto para el fin de semana.

En este sentido, la disciplina es una gran aliada. Así como una olla de agua sometida intermitente o aleatoriamente a calor nunca bullirá, la práctica del mindfulness ocasional y aleatoria no aportará buenos resultados. Para fortalecer las conexiones neuronales tienes que entrenar la mente constantemente.

Este será probablemente el principal obstáculo al principio, ya que es probable que no te sobre el tiempo, pero toma en cuenta los beneficios para tu estado mental que puede implicar dedicarle diez minutos de tus actividades. Los beneficios pueden ser, además de mejor rendimiento, mejor sueño, mejor salud, mejores relaciones con familia y amigos.

Toma al tiempo de mindfulness como el que te asignas para ti sin ningún condicionamiento. El tiempo que te das para poder tener una vida más feliz o para poder cuidar de la gente que te importa. Luego presta atención a cuántas veces reaccionas de forma impulsiva en lugar de elegir tus respuestas. Según mi experiencia, la gente que se compromete con diez minutos diarios, comienza a notar cambios a las pocas semanas.

Antes de comenzar a practicar es bueno recordar tus motivaciones para hacerlo y lo que quieres conseguir con el entrenamiento. Luego, recuerda que a la gente que lo ha aplicado, aunque de hecho tenían menos tiempo para hacer sus tareas, el mindfulness les permitía sentir que tenían más tiempo y espacio, aun en medio de un día caótico.

Cuándo entrenar

Todos somos diferentes, algunos somos matinales y otros, noctámbulos. Algunos cenan temprano y otros, tarde. Algunos les gusta tomar siestas y otros prefieren una larga noche de sueño. Así que cada uno tiene su momento preferido para entrenar.

Pero en mi experiencia, la mañana es el mejor momento para la mayoría de las personas. La mente está fresca y, por lo tanto, consigues más del entrenamiento. Además, invertir diez minutos al principio del día para estar más alerta en todas tus actividades tiene un gran impacto en el resto de la jornada. Algunos argumentarán que no tienen diez minutos a la mañana. La solución es poner tu alarma 15 minutos antes. Eso te dará un par de minutos para despertarte y encontrar tu posición antes de comenzar a contar las respiraciones. Así tampoco modificas el resto de tus actividades matinales.

Yo me levanto antes que el resto de mi familia. Hay una maravillosa calma a la mañana que ayuda a mi entrenamiento y me da energía para todo el día.

Si crees que la mañana no es un buen momento para ti, busca el que más te ayude a la tarde o noche. Lo que más importa es que fijes un tiempo, así se convertirá en un hábito a las pocas semanas.

Dónde entrenar

El lugar adecuado es en tu cabeza. No necesitas un espacio físico que sea tranquilo y armonioso. No es una práctica religiosa o espiritual. Es un estado mental que podemos entrenar y aplicar en cualquier lugar: mientras esperamos en la cola de un supermercado, mientras estamos atascados en el tránsito o mientras cortamos el césped. Lo importante es crear calma y armonía para ti.

Dicho esto, es conveniente, al adoptar un programa formal de entrenamiento, buscar un lugar de la casa donde estés cómodo, que puede ser un lugar luminoso o uno oscuro. Cualquiera está bien siempre y cuando lo consideres apropiado. Un lugar totalmente aislado es raro, así que lo más probable es que oigas ruidos. Está bien, aunque intenta disminuir las posibles distracciones y también tener espacio para poder estar sentado cómodamente en una posición correcta del cuerpo, que es la base física de un entrenamiento exitoso.

Rápidamente, recordemos los cinco puntos básicos para una posición correcta del cuerpo: un equilibrio anclado, espalda recta, hombros, brazos y cuello relajados, manos apoyadas y ojos cerrados. Veamos estos puntos en detalle:

- Equilibrio anclado: asegúrate de tener un buen contacto con el suelo. Si estás sentado en una silla, mira si ambos pies están bien apoyados. Si te sientas en el suelo, tienes el espacio para sentarte con las piernas cruzadas o de alguna otra forma equilibrada. Es mucho más fácil relajarse si no tienes que pelear con la gravedad.

- Espalda recta: si te sientas en una silla o sofá, asegúrate de que puedes hacerlo con la espalda recta. Si te puedes reclinar o recostar, es probable que te quedes dormido durante el entrenamiento.

- Hombros, brazos y cuello relajados: ¿tienes espacio suficiente para relajar los brazos y los hombros? ¿Puedes girar los hombros hacia arriba y hacia atrás? ¿Puedes estirar los brazos? A veces el estiramiento puede ayudar a relajarse y encontrar tu punto de descanso durante el entrenamiento.

- Manos apoyadas: ¿es fácil apoyar tus manos confortablemente? Dos lugares óptimos son sobre las rodillas o sobre el regazo, lo que implica que no querrás estar muy cerca de una mesa o escritorio que obstruya la ubicación de las manos.

- Ojos cerrados: algunas personas se sienten vulnerables cuando mantienen los ojos cerrados durante mucho tiempo, por ello es bueno asegurarse de que el lugar escogido te proporcione cierta seguridad y tranquilidad para permanecer con los ojos cerrados o apenas abiertos.

Cualquier lugar que elijas debe asegurar estos cinco puntos. Ahora que conoces lo básico del cómo, cuándo y dónde, veamos un marco que te permita crear tu propio programa de entrenamiento mindfulness para cambiar tu vida y obtener un segundo de ventaja con apenas diez minutos diarios.

Programa mindfulness autónomo

El mindfulness no es solo una teoría, es un entrenamiento. Y como con cualquier entrenamiento, no conseguirás resultados sin esfuerzo. Los ejercicios de mindfulness se han ido desarrollando durante miles de años, por lo que tienen una progresión lógica a seguir. Si sigues las instrucciones en el orden adecuado, conseguirás mejores resultados en menos tiempo. Cada semana tienes que:

- Dedicar diez minutos diarios de entrenamiento básico de la atención y la consciencia.
- Elegir una de las estrategias mentales de la segunda parte del libro.
- Elegir una o dos técnicas de la primera parte del libro.

No parece muy difícil, ¿verdad? Integrar elementos poco a poco es la mejor forma de verificar sus resultados. Harás diez minutos de práctica diaria y en cada semana te centrarás en una de las prácticas fundacionales de la tercera parte del libro, una estrategia mental de la segunda parte y un par de técnicas de la primera parte. La Tabla 4.1 presenta un ejemplo de un programa de diez semanas que sigue la progresión lógica y tradicional del entrenamiento mindfulness.

Este programa comienza con el entrenamiento de la atención porque es la base de los otros elementos. Una vez que ya hayas conseguido un elevado nivel de atención, normalmente después de cuatro o cinco semanas de entrenamiento diario, puedes pasar al entrenamiento de la consciencia. En diez semanas habrás experimentado los dos tipos de entrenamiento y podrás elegir el que prefieras.

Semana	Práctica	Calidad/Visión	Estrategia mental	Técnica de trabajo
1	Entrenamiento atención	Sin calidad / Visión en nivel 1	Sin estrategia mental	
2	Entrenamiento atención	Relajación	Sin estrategia mental	Energía mental
3	Entrenamiento atención	Relajación + Atención	Presencia	Reuniones – Descanso
4	Entrenamiento atención	Relajación + Atención + Claridad	Paciencia	Objetivos - Comer y energía
5	Entrenamiento atención	Relajación + Atención + Claridad	Empatía	Prioridades- Actividades y energía
6	Conciencia abierta	Relajación + Atención + Claridad	Mente de principiante	Planificación - Descansos
7	Conciencia abierta	Relajación + Atención + Claridad	Aceptar	Comunicación- Trayectos
8	Conciencia abierta	Cambio	Equilibrio	Creatividad - Equilibrio emocional
9	Conciencia abierta	Felicidad	Alegría	Cambio -Conciliación
10	Conciencia abierta	Potencial	Soltar	
	Opcional	Todas las calidades + visiones	Tu elección	Tu elección

Pero ten en cuenta que ambos tipos de entrenamiento son igual de necesarios y valiosos para tener una mente bien entrenada.

Durante las diez semanas, las estrategias mentales se introducen una a una cada semana. Aunque recomiendo introducir una nueva estrategia semanalmente, algunos prefieren seguir más tiempo con una misma estrategia. Siéntete libre de cambiarlas a tu propio ritmo. Después de las diez semanas, puedes elegir una nueva estrategia cada día o cada semana.

Llegados a este punto, habrás utilizado también la mayoría de las técnicas de la primera parte del libro. Es habitual utilizar una o dos técnicas cada semana. Por ejemplo, prueba con contestar los emails solo dos o tres veces al día. También prueba a desconectar todas las pantallas antes de dormir. En estas cosas más cotidianas e informales, verás los resultados y beneficios de utilizar el mindfulness y, a diferencia de los diez minutos formales de entrenamiento, solo requieren una intención de adoptar determinadas elecciones.

En los anexos del libro, incluyo una hoja de entrenamiento para que puedas seguir con simplicidad tu entrenamiento diario. También encontrarás dónde buscar más recursos para integrar a tu plan de trabajo diario. Utilízalos para mantener la motivación y mejorar tus resultados.

Ver cómo progresas

Si ves que progresas, es más fácil mantener disciplinadamente el entrenamiento. Aunque la velocidad del progreso difiere entre individuos, y es difícil de poner en simples métricas o porcentajes, los siguientes cinco niveles te darán una idea general del progreso:

1. Concentración pobre: solo unos breves momentos de atención sobre la respiración.
2. Fundamentalmente distraído: períodos de atención plena, más frecuentes.
3. Equilibrio entre atención plena y distracciones.
4. Concentración y consciencia estables.
5. Gran concentración y consciencia clara.

Este desarrollo creciente de consciencia y atención es beneficioso no solo durante los entrenamientos, sino durante el resto de nuestra vida. Te ayudan a estar más presente y a ser más eficiente porque estás fortaleciendo las conexiones neuronales. Es importante tener en cuenta que el mindfulness es una intervención activa para cambiar las redes neuronales de tu cerebro. Cuanto más practicas, más fácil es y mejor serás en responder, en lugar de reaccionar, a las experiencias. Con un entrenamiento disciplinado y constante diario, podrás alcanzar el cuarto y quinto nivel dentro de los seis meses.

Finalmente veremos cómo llevar el mindfulness a una organización. Si has llegado leyendo hasta aquí es muy probable que desees compartir esto con tus compañeros de empresa.

Practicando en la empresa

Hasta este momento nos hemos centrado principalmente en ti. Hemos repasado en profundidad los beneficios que traen la aplicación del mindfulness para tu éxito y bienestar. Puesto que las organizaciones no son otra cosa que un conjunto de personas, se pueden aplicar estas mismas estrategias y guías a cualquier tipo de empresa u organización. Además, ser la única persona que practica mindfulness en una organización puede llegar a ser solitario y frustrante. Puede verse como que estás disfrutando de ventajas de las cuales otros carecen. Eso hace que la gente se convierta en abanderadas del mindfulness y lo quieran compartir con los demás. Si estos métodos y herramientas pueden ayudarte a ser más eficiente y productivo, solo imagina el potencial que tendrá para todo tu equipo, empresa u organización.

Los numerosos beneficios que se han medido en empresas a causa de las iniciativas mindfulness incluyen más atención, mayor productividad, más satisfacción laboral y creatividad, así como menor absentismo y estrés. Además, se ha comprobado mayor salud y satisfacción. Basado en los años de experiencia que tengo en trabajar con todo tipo de organizaciones, explicaremos los cinco factores claves para implantar con éxito el mindfulness en una empresa.

Apoyo de los líderes

Cualquier iniciativa en una empresa requiere de apoyo por parte de sus líderes. Si estos no lo apoyan, el mindfulness puede acarrear beneficios individuales, pero no colectivos. Además, los líderes deben liderar con el ejemplo. Un líder que manifiesta que apoya, pero él mismo no entrena o es causa de distracciones o no permite que la gente entrene, está enviando un mensaje confuso que debilita el mensaje y confunde a las personas.

Pero hay que hacer una aclaración: uno puede pensar que con tener el apoyo del jefe basta, pero a menudo va más allá de eso. Se necesitan tanto a los líderes formales como a los informales. Un título o cargo no es sinónimo de liderazgo. Es importante saber quiénes son las personas clave y trabajar con ellos. Es decir saber quién toma las decisiones, quién está mejor conectado, a quién escuchan los trabajadores.

Para implementar satisfactoriamente cualquier programa, se requiere vencer la inercia y resistencia habitual y se necesita de tanto apoyo como sea posible. Identificar a los más influyentes y conseguir que la mayoría de ellos se involucre es esencial para tener éxito. Eso no quiere decir que cada líder tenga que estar en el 100% de las sesiones, pero sí se necesita que tenga la atención y la consciencia para ver cómo su conducta impacta en la de los demás.

Existen un par de razones por las cuales esto es tan importante: la primera es lo que la gente llama «estar cubierto», es decir, tener la protección de los de arriba. Al comunicarte con los líderes, estás creando confianza y ellos invierten en el éxito de tu propuesta. Eso te puede ayudar a evitar cualquier controversia relacionada con la implementación de un programa como el mindfulness que puede resultar mal entendido en la oficina.

La otra razón importante por la que es esencial tener involucrados a los líderes es porque el mindfulness despertará todo tipo de cuestionamientos sobre la cultura de la organización. ¿Cómo gestionar las interrupciones, cómo gestionar las reuniones, cómo conciliar? Si los líderes no están involucrados se minimizan las posibilidades de efectuar cambios.

Conseguir este nivel de apoyo requiere una relación de confianza y la seguridad de que con este programa no se disminuye la autoridad de nadie. En lugar de esos, está abriendo líneas de comunicación que permitirán mayor eficiencia en la organización. Hay que hacerles sentir a los líderes que con este plan se convertirán en mejores líderes. Los verdaderos líderes desean saber cómo ser más productivos, optimizar recursos y cultivar el talento. Una de las mejores formas de conseguir esta confianza y articular las ventajas de un programa corporativo de mindfulness es enlazarlo con los demás objetivos de la organización.

Conexión con los demás objetivos de la organización

Aunque lo beneficios son enormes para los individuos, la forma de que también lo sean para la empresa es que estos estén directamente relacionados y alineados con los objetivos generales de la organización. El mindfulness no es la panacea o una píldora mágica que garantice el éxito empresarial, pero es la forma de conseguir mayor atención y productividad, atributos que impactan directamente en los resultados de una empresa.

Gran parte del éxito de una iniciativa depende de la posibilidad de alinear el mindfulness con otros objetivos de la empresa, ya sea su misión, su estrategia de largo plazo o su sus tácticas de corto plazo. Esto puede consistir en explicar los beneficios económicos del mindfulness. En lugar de decir que mejora la salud, es preferible indicar el ahorro por la reducción del absentismo, lo que aumenta la productividad, y le baja de costes y aumenta el beneficio.

Eso no solo te ayudará a establecer prioridades, sino también a explicarlo a todos los involucrados con el programa directa o indirectamente. Además, demostrará que tienes en cuenta los fines y objetivos de la empresa, lo que ayudará a lanzar el programa.

Por ejemplo, una empresa constructora americana con la que trabajamos, tenía cuatro valores claves corporativos: productividad, seguridad, clientes y empleados. El principal interés del CEO era la seguridad y bienestar de los empleados. Otros directivos tenían más interés en el aumento de la productividad y otros, en la relación con los clientes. El objetivo del programa de mindfulness se planteó entonces de forma que estuviera alineado con todos estos valores.

Comunicación efectiva

Por más de moda que parezca que está el mindfulness hoy en día, es aún desconocido en el ámbito empresarial. La idea de tomarse tiempo para estar sentado y quieto en medio del ajetreo suena raro, cuando no completamente irracional. Por ello es imprescindible saber comunicar bien los beneficios del programa: para quién, con qué objetivo, por qué conviene probarlo…

La misma palabra mindfulness puede parecer demasiado esotérica o espiritual, causando resistencia y escepticismo. En ese caso, es mejor evitar la palabra al presentar la propuesta. Por ejemplo, en una empresa de tecnología con sede en Asia lo titularon «Aprovechar el potencial de la mente en el trabajo» y el foco era la efectividad del equipo y la colaboración. En una empresa canadiense, al programa se llamó «Percepción situacional» y el objetivo era mejorar el control medioambiental y la seguridad en un campo del norte de Alberta. En muchos de nuestros programas en Europa, el programa se titula «Liderazgo sostenible».

El punto es: no te quedes trabado con la terminología o el enfoque del programa. Utiliza la terminología que mejor se adapte a la cultura y objetivos de la organización. Esto disminuirá la resistencia al programa a la vez que hará que el siguiente factor sea más fácil.

Tiempo y compromiso

El mindfulness no es un arreglo rápido. Los muchos resultados que el programa tiene no provienen del aire. Requiere de una inversión individual y organizacional. Especialmente, requiere tiempo y compromiso. Los cambios individuales requieren tiempo, y los colectivos aún más. Para obtener beneficios se necesita un largo período, en lugar de solo un día o una semana. Por eso, generalmente nuestros programas requieren al menos cuatro meses con ejercicios diarios y algunos talleres.

Tener el apoyo de los líderes, alinear el programa con los objetivos de la empresa y comunicar eficazmente son la base para conseguir el compromiso. Tener estos factores realizados antes de comenzar el programa tiene una gran importancia en el éxito del mismo. Pero hay un último factor que es crítico.

Sé el cambio que quieras ver

Mindfulness es una forma de ser. Es una forma de mostrarse con presencia, apertura y amabilidad. La mejor forma de que los demás vean estas cualidades es que las vean en ti. Cuanto más presente estés y más generoso seas, más lo notarán los demás. Una vez que lo noten también lo querrán. Aspirarán a tener la misma paz mental y bienestar que tú. Lo he visto en todos los lugares donde he entrenado. El mindfulness es contagioso.

Si lo que buscas es que en tu organización se aplique el mindfulness, lo mejor es que lo muestres en ti mismo y no que lo prediques.

Cerrar el círculo

El mundo está cambiando. Tenemos casas más grandes, mejores coches y teléfonos más inteligentes. ¿Pero somos más felices? Creo que no. La felicidad es un viaje interno. El taller es la mente, y el mindfulness es el primer paso.

Al tomarte tiempo para leer este libro, has comenzado a cambiar. Has invertido tiempo y dinero. Para mantener la inercia te sugiero que escojas al menos tres cosas que te hayan inspirado y las sigas. Deja el piloto automático, estate presente con tus colegas, amigos y familiares. Intenta mantener tus prácticas diarias.

Ahí comienza todo.

Por supuesto que sé que es más fácil decirlo que hacerlo en este mundo lleno de distracciones, pero merece la pena el esfuerzo, porque el mindfulness nos hace más felices y amables. Y eso hace mejores sociedades. He podido presenciar personalmente el cambio en muchas personas y organizaciones. Tú también puedes hacerlo. Cuando te caes del caballo o te olvidas entrenar una mañana, siempre puedes levantarte y cabalgar de nuevo.

El mindfulness está contigo, si tú lo invitas.

Y si tienes una historia sobre mindfulness que desees compartir, por favor, cuéntamela. Tal vez tu historia, como muchas de las que aquí hemos contado, sirva para inspirar a otros. Puedes enviarme un email a rasmus.hougaard@potentialproject.com, o contármelo directamente si es que nuestros caminos se cruzan. Te deseo lo mejor.

Anexo:
Recursos para la práctica autónoma

Hoja para la práctica autónoma

Semana: _____

Práctica: _____

Calidad / Visión: _____

Estrategia mental: _____

Técnica de trabajo: _____

Notas:

_____

_____

_____

_____

Elige entre una de las siguientes categorías:

- Prácticas: entrenamiento de la atención, entrenamiento de la consciencia, consciencia abierta.

- Calidad /Visión: Relajación, Relajación + Atención, Relajación + Atención + Claridad, Cambio, Felicidad, Potencial.
- Estrategias mentales: Presencia, Paciencia, Empatía, Mente de Principiante, Aceptación, Equilibrio, Alegría, Soltar.
- Técnicas de trabajo: Emails, Reuniones, Objetivos, Prioridades, Planificación, Comunicación, Creatividad, Cambio, Energía Mental, Descanso, Comer y Energía, Actividad y Energía, Descansos de Rendimiento, Trayectos, Equilibrio Emocional, Conciliación.

Anexo 1.1. Código QR al fórum de discusión en LinkedIn.

Tu app de práctica mental

Esperamos que este libro te haya inspirado para empezar un entrenamiento diario. Para ponerlo más fácil, Potential Project ha desarrollado una app que te ayudará en este camino. La app incluye ocho sesiones guiadas del entrenamiento mental básico descrito en este libro. También añade Estrategias mentales y recordatorios para hacer descansos de rendimientos regulares y más cosas. Para descargar la app, ve a tu App Store preferida y busca «Potential Project Mindfulness».

También puedes acceder a los audios de entrenamiento en la siguiente web:

https://learning.potentialproject.com
usuario: mp3files contraseña: mp3files

Lecturas recomendadas sobre Mindfulness

El Libro del Mindfulness de Bhante Henepola Gunaratana, 2002.

El poder de la meditación para alcanzar el equilibrio de Alan Wallace, 2010.

Mindfulness en la vida cotidiana. Donde quiera que vayas, ahí estás de John Kabat-Zinn, 2009.

Aprender a practicar mindfulness de Vicente Simón, 2011.

El arte de la meditación de Matthieu Ricard, 2009.

El Milagro de Mindfulness de Thich Nhat Hanh, 2014.

Mindfulness. Una guía práctica para el despertar espiritual de Joseph Goldstein, 2015.

Lecturas recomendadas sobre Efectividad Mental en el Trabajo

Focus. Desarrollar la atención para alcanzar la excelencia de Daniel Goleman, 2015.

Busca en tu interior. Mejora la productividad, la creatividad y la felicidad de Chade Meng Tan, 2012.

Lecturas recomendadas sobre la ciencia de Entrenar la Mente

Mindsight: la nueva ciencia de la transformación personal de Dan Siegel, 2011

El cerebro de Buda: la neurociencia de la felicidad, el amor y la sabiduría de Rick Hanson, 2011.

El perfil emocional de tu cerebro de Richard Davidson y Sharon Begley, 2012.

El cerebro se cambia a sí mismo de Norman Doidge, 2008.

Cerebro y mindfulness de Dan Siegel, 2010.

La ciencia de la mente: cuando la ciencia y la espiritualidad se encuentran de B. Alan Wallace, 2009.

Lecturas recomendadas sobre mindfulness en el trabajo

Mindfulness y Empresa. Guillen J. L., IESE, en http://www.iesep.com/es/mindfulness-y-empresa-89351.

Retiros de mindfulness y meditación

Leer libros está bien, pero practicar es aún mejor. Hay muchos sitios maravillosos en todo el mundo que ofrecen retiros de mindfulness con profesores cualificados para enseñar técnicas de meditación y entrenamiento mental.

Para más recomendaciones locales sobre lugares de retiro, contacta con tu representante de Potential Project más cercano a través de nuestra página web. Encontrarás gente muy dispuesta a ayudarte.

Algunos lugares y organizaciones que nos gusta recomendar son:

- Garrison Institute en Nueva York. Organizan numerosos programas con muy buenos maestros (garrisoninstitute.org.)
- Inself Mindfulness. Cursos, talleres, retiros y programas de entrenamiento en mindfulness impartidos por profesores acreditados (Inselfmindfulness.com).
- AEMIND. Asociación Española de Mindfulness dedicada a la promoción y formación de profesionales de la salud integrando mindfulness. (aemind.es.)
- Amalurra, en Vizcaya, España. Centro de descanso y contemplación donde se organizan diferentes talleres y cursos. (amalurra.com).
- Plum Village, Francia. Retiros de mindfulness para grupos, individuales o familias (Plumvillage.org).
- Goenka. Inmersión en la práctica tradicional de Goenka durante 10 días. Ofrecido en Santa Maria de Palautordera y por todo el mundo.
- Monasterio de Poblet (www.poblet.cat).
- Multiversity, en California. Organizan gran variedad de programas con muy buenos maestros (1440.org).

Acerca de los autores

Rasmus Hougaard es una autoridad internacionalmente reconocida en el entrenamiento de la mente para estar más centrado, ser eficiente y vivir con más claridad en el contexto organizacional. Es el fundador y director de Potential Project.

La experiencia de Rasmus combina la investigación en desarrollo organizacional con una carrera corporativa y más de 20 años de práctica y enseñanzas en mindfulness. En el 2008, Rasmus creó Potential Project después de años trabajando con reconocidos científicos, ejecutivos del mundo empresarial y expertos en entrenamiento mental. La misión de Potential Project es contribuir a un mundo más pacífico ayudando a individuos, equipos y organizaciones a conseguir estar más centrados y ser más efectivos en todo lo que hacen.

A través del trabajo de Potential Project, Rasmus ha ayudado a organizaciones como Microsoft, Accenture, Roche, Nike, American Express, General Electric, Citrix, Google, Sony, Societé Genérale, KLM, IKEA, Royal Bank of Canada, Ogilvy, Carlsberg y otras muchas, a desarrollar la excelencia organizacional, así como ayudar a miles de personas llevar una vida laboral más feliz y más eficaz.

Rasmus es un distinguido conferenciante muy solicitado en conferencias internacionales, talleres y seminarios alrededor del mundo. También es ponente invitado en numerosas universidades y escuelas de negocios como la Escuela de Negocios Cranfield, la Rotman Business School, la ESSEC Business School, la Singapore Management University y la Copenhagen Business School.

Enrique Escauriaza es coach ejecutivo y profesor de liderazgo y mindfulness además de Senior Trainer & Consultant en Potential Project en España. Desde 2010 ha trabajado con más de mil ejecutivos de todo el mundo a través de charlas, talleres y coaching. Ha impartido más de 500 clases en escuelas de negocios y universidades como IESE, Pompeu-Fabra, IED, ESADE o Deusto, y en formaciones in company en empresas como Gas Natural, MediaMark, Granini, Danone, IKEA, Oracle o Sky Scanner. Enrique está licenciado en Derecho por la Universidad de Deusto y es MBA por IESE. Después de años desarrollando su carrera profesional como abogado y consultor estratégico, desde 2010 se dedica por completo al coaching ejecutivo y a la enseñanza del mindfulness en entornos empresariales.

Celia Pipó es Senior Trainer & Consultant en Potential Project. Inició su carrera en Marketing y Comunicación Empresarial, empezando después una carrera tecnológica que le llevó a trabajar en Microsoft durante casi 20 años. En cargos de ingeniería, Program Management, Partner & Customer Engagement y Research lideró proyectos en diferentes mercados con equipos remotos y diversos. Su interés en el desarrollo de la mente le llevó en el 2009 a iniciar su práctica en mindfulness, hecho que fue fundamental para mantener foco y disfrutar de la acelerada y siempre-conectada vida laboral. Familiarizada con los retos en equipos globales y con los beneficios que aporta el desarrollo de la mente, ahora disfruta introduciendo mindfulness en la vida corporativa.

Acerca de Potential Project

Potential Project es líder mundial en proveer programas de efectividad empresarial basados en mindfulness. Con oficinas en más de veinte países de América del Norte, Europa, Asia, Australia y Nueva Zelanda, y una lista de clientes que incluye Microsoft, Accenture, Danone, Société Générale, KLM, IKEA, Royal Bank of Canada, Ogilvy y Carlsberg, Potential Project impacta en la excelencia organizacional, así como en la vida de miles de personas. En 2014, formaron a más de 25.000 personas, y el número aumenta año tras año.

La misión de Potential Project es contribuir a un mundo más pacífico ayudando a individuos, equipos y a organizaciones a desarrollar claridad, sabiduría y ser más eficaces en todo lo que hacen.

El trabajo de Potential Project se ofrece a través de formaciones presenciales o en línea basadas en los métodos de este libro y siempre adaptadas las necesidades de cada cliente. Sus ofertas incluyen una gama de productos que comienzan en un nivel introductorio y llega hasta el cambio cultural en la empresa.

Si bien Potential Project fue fundado por Rasmus Hougaard, el programa de formación Corporate-Based Mindfulness ha sido desarrollado por expertos en entrenamiento mental, científicos y líderes empresariales, y ha marcado el estándar en mindfulness en organizaciones. El programa está bajo constante investigación científica por investigadores de las principales universidades y escuelas de negocios.

Si está interesado en hablar sobre cómo llevar el entrenamiento de la atención con mindfulness a su organización, puede encontrar datos de contacto de formadores en su zona en potentialproject.com

ECOSISTEMA DIGITAL

NUESTRO PUNTO DE ENCUENTRO

www.edicionesurano.com

2 AMABOOK
Disfruta de tu rincón de lectura y accede a todas nuestras **novedades** en modo compra.
www.amabook.com

3 SUSCRIBOOKS
El límite lo pones tú, **lectura sin freno**, en modo suscripción.
www.suscribooks.com

DISFRUTA DE 1 MES DE LECTURA GRATIS

1 REDES SOCIALES:
Amplio abanico de redes para que **participes activamente.**

4 APPS Y DESCARGAS
Apps que te permitirán leer e **interactuar con otros lectores.**